サロン進化論

デジタルツールが切り拓くサービス革命

DADAintegrate 株式会社
代表取締役社長
柿坂 正樹
kakisaka masaki

はじめに

変化はいつも外からやって来る

「変化の激しい時代」
「時代の転換期」
「変革が迫られる時代」

　私たちは時代が大きく変わっていることを、毎日このようにさまざまな言い方で聞かされています。それはもううんざりする程です。ある時はグローバル化によって、ある時はテクノロジーの進化によって、ある時はイノベーションによって変化がもたらされてきました。

　とはいえ、社会・組織・業界というものは、内部から変化していくことが難しいものです。世界を変えていくきっかけはいつも外部からです。外部の環境が変わったことによって、自身が変化せざるを得ない状況になった時のみ、変わることができます。

　国でいえば、日本は江戸時代末期になって開国を迫られた時から、外圧によって否応なしに変化せざるを得ない状況になりました。

　企業活動でいえば、新興企業や他業種の台頭によって変化が起こります。

　例えば、電気自動車メーカーのテスラがそうです。欧州では将来的にガソリン車を全て電気自動車に置き換える計画を発表している国もあります。テスラが電気自動車業界をけん引し、既存の自動車メーカーも追随しています。さらに、今や電気自動車は家電メーカーでさえ製造する時代になっているのです。

進化するものだけが生き残るのは自然の摂理

業界に変化をもたらそうとすると、既得権益を得ている人たちから反発が起こります。例えば、人力で絹を織っていた時代に自動織機が現れた時、労働者は自分たちの仕事が奪われると猛反発しました。社内では機械を導入することがなかなかできず、わざわざ別の会社を設立するしかなかったという例もあります。新しいものを受け入れるのは、それ程難しいことなのです。それでも、自動織機導入に成功した会社は生き残ることができました。外から変化を突き付けられ、危機感に迫られやっと変わることができる。変われなかった会社は潰れるしかありません。私たちは経済活動を続ける上で、これをずっと繰り返してきたのです。

外からの力が業界を変えていくということが、美容業界にも起こっています。それがＡｍａｚｏｎであり、楽天であり、メルカリといった企業です。

変化に適応できないものは淘汰される――このことは地球に生物が生まれてからずっと繰り返されてきた自然の摂理です。「進化論」を唱えたイギリスの自然科学者チャールズ・ダーウィンは、「生き残るものは強いものや賢いものではなく、環境に順応したものだ」と教えてくれました。人間も自然の一部だとすれば、その人間が行う経済活動もこの摂理に従うしかありません。

主体的に変わることはできないけれど、環境の変化によって否応なしに進化できる。こう考えることができれば、環境の変化は自分の進化を促してくれるものである、というふうにポジティブに捉えることができます。

ですから、ITやEC（Eコマース＝ネットショッピング）の隆盛という変化が起きたことも、自分を進化させてくれるチャンスだと考えることができるはずなのです。

「分け合う」ことこそ人間本来の姿

では、どのように進化していけば良いのでしょうか。

その方法を紹介しているのが本書です。ここでいう変化とは、自分の時間を切り売りする「時間労働型」から、人とのつながりや口コミを権利として捉える「権利収入型」へと転換していくことです。

とはいえ、転職しましょうという話ではなく、今までの仕事をしながら、その本業の中で得た権利から収入を得られるように、プラットフォームビジネスを取り入れることを目指します。

今、GAFA（Google、Apple、Facebook、Amazon）に代表されるようなプラットフォームビジネスが経済を席巻し、多くの業界で利益が彼らに流れているといわれています。このような、いわゆる勝ち組と負け組が極端に分かれている風潮が正しいあり方なのでしょうか。

私はそうは思いません。勝ち・負けという二極化ではなく、「分け合う」「与え合う」という人間のあるべき姿に戻していくことが必要なのです。

たしかに、品揃えや安さを競っては体力のある企業には勝てません。しかし、それ以外の価値を作ることによって対抗することは可能です。その「価値」について、私はこの10年間、ずっと考えてきました。

私は25年前から美容業界でビジネスをしてきました。はじめに奈良県でエステサロンを経営し、その後、大阪府に進出。さらに美顔器や化粧品を作る会社も経営してきました。現場とメーカーの両方の立場から美容業界を見て、ジリ貧に陥っているこのビジネスをどうにかしたいと考えた結果、たどり着いたのがDADA integrateです。

本書では私たちが開発したDADAアプリを例にしながら、プラットフォームビジネスに参画し、自らを変化させていく方法を紹介していきます。

まず、第1章では美容業界を例にして、いかに外部環境が変化しているかについて述べます。

次に第2章では、変化に対応するための「プラットフォームビジネス」について解説し、さらに第3章では具体的なプラットフォームビジネスの実現方法を、そのメリットとともに紹介していきます。

最後に第4章では将来予測と未来の展望を述べたいと思います。

「お客さまの笑顔が見たい」に応えたい

サロンを経営していらっしゃる方、現場で働いていらっしゃる方のお話をいろいろと聞かせてもらっていると、みなさん「お客さまの笑顔のため」ということを熱心に語ってくださいます。ただ、それだけでは経営がうまくいかないから物販に力を入れるしかない。物販に力を入れようとすると今度は在庫が増えがちで、仕方なくインターネット上で売ってしまう。がんばっているのに結果が出ないから、あきらめの境地になっている方もいます。

かつてはサロンには余る程の商品は置いておらず、純粋に技術への対価だけで経営が成り立っていました。そこでは「お客さまの笑顔のため」だけに力を注げば良かったのです。

私が本当に実現したい世界は、「プラットフォームをやりましょう」「ビジネスで勝ちましょう」ではなく、元々素晴らしい技術を持っているのだから、みんながそこに誇りを持ち、今の仕事を続け、生き生きと人生を歩めるようにすることです。

ただ、誇りだけでは食っていけないし負けてしまうので、プラットフォームという武器を使いこなしていただきたい、と願っているのです。

本書が、みなさんの日頃の努力を応援できるものになり、みなさんのお客さまの笑顔につながっていく、未来への礎となることができれば幸いです。

DADA integrate 代表取締役社長　柿坂正樹

目次

はじめに ―― 2

第1章 美容業界は今、恐竜絶滅の時代にいる

市場では、今、何が起きているのか ―― 18
「人は買い物をしなくなる」? ―― 20
人口減少と消費行動抑制による苦しい現実 ―― 26
情報の価値が平均化されてきた ―― 28
環境の変化はどんどん「普通」になっていく ―― 30
美容業界は、氷河期を迎えている ―― 32

ネットに出現した大型の競合店――36
ECサイトは販売代理店に止まらない――39
がっかりされたくなくて在庫が増えてしまう――42
在庫を解消しようとしてやがて値崩れにつながる――46
巨大なEC企業と共存する世界で活路を見出すには――49
私が創業をした理由――50
今やるべきことは他にあるのかもしれない――53
「お客さまの幸せのために」を腹の底から理解する――55
「人と人とをつなぐ」という構想が生まれる――59
第2章 プラットフォームビジネスとは何か?
口コミがマーケットを作っていく――64
富を分配することで、経済は活性化する――68
ヘンリー・フォードの先見の明――71

情報と人同士のつながりを動かすプラットフォーム――73
口コミには広告よりも大きな利点が――74
営業トークよりも信頼度が高い――78
プラットフォームが実現できるさまざまな課題解決――80
ポイント還元なら、来店を促進できる――82
社員販売は重要なマーケット――85
プラットフォームが自分たちのメディアになる――88
サロンは最高の情報交換の場――91
コンシェルジュがビジネスに――93
サロンスタッフもコンシェルジュ的要素が必要――94
「奪い合う」ことから「与え合う」ことへシフトする――97

第3章 あなたにもできるプラットフォーム!

プラットフォームの大きなメリット――100

サロンユーザーの場合：始め方と4つのメリット——103
サロンの場合：始め方と5つのメリット——108
スタッフに還元ができる、モチベーションが上がる——111
手持ちの顧客リストが活かせる——113
余計な商品棚が不要になる——115
ロングテールカットをあきらめない——119
スタッフが社割で商品を購入できる——122
メーカーの場合：始め方と4つのメリット——126
エンドユーザーとつながることができる——128
他社メーカーの商品が購入された場合も利益が得られる——129
商品を販売できるのはメーカーのみ——132
人と人とのつながりが価値を生む——134
コミュニティという目に見えない資産を作る——136
お客さまとの関わり方が「販売」から「関係づくり」に変化している——138
チップの文化をつくる——141
スタッフが辞めた時のために——144

第4章　進化することで未来は変わる

「人生100年時代」と「一億総活躍社会」——148
70歳定年がもうそこまで来ているかもしれない——151
手に職を持っている美容業界のこれから——152
プラットフォームがつなぐ地域コミュニティ——154
小さな一歩を踏み出してみることから始める——158
あなたが進化すれば世界は進化する——159
普遍的な価値を形に——161

おわりに——164

推薦の言葉——170

第1章

美容業界は今、恐竜絶滅の時代にいる

市場では、今、何が起きているのか

かつて、がんばればがんばっただけ報われた時代がありました。経験を得て良い仕事ができるようになっていく程、それに見合う形で報酬も増えていました。ところが、今はがんばるのは当然として、その方向性をしっかり見定めなければいけない時代といえます。

なぜなら、日用品から贅沢品にいたるまでモノはほとんど行き渡っていて、モノを売る経済が成熟しているからです。そういう時代にモノを売るのは至難の技だと考える必要があります。

闇雲にがんばって報われた上の世代の人たちから「がむしゃらにやれ」と言われて辟易する人がいますが、無理もないことだと思います。がむしゃらにがんばったところで、必ずしも結果が出るわけではないことを今の世代は肌で感じているからでしょう。

みなさん、自分なりにがんばろうという気持ちは持っているはずです。そのエネルギーを正しい方向に注いでいくために、まず正しい現状認識を持つ必要があります。

そこで、問題意識を共有するために、いくつかの点から現状の把握と問題点を述べたいと思います。

「人は買い物をしなくなる」?

私たちは今、インターネット上の商取引(Eコマース、以下EC)の発達によって買い物の概念が変わる時代を生きています。実際の店舗に足を運び、現金で支払う時代から仕組みが移行しつつあるのです。コロナ禍においては、ますますネットショッピングを利用する人が多くなってきたのも現実です。

これまでのように、欲しいものを買いに出かけるのではなく、欲しいものが自宅に届く時代に変わってきているのです。それどころか、近い将来に「人は買い物をしなくなる」とまでいわれているのです。

まずECのBtoC(Business to Consumer)における市場規模を見てみましょう。この分野は拡大の一途を遂げています。

BtoC市場は毎年7％近い成長率を続けています。こんな成長率を示す市場は、とてもまれだといえるでしょう。

世帯当たりのネットショッピング利用率でいってもほぼ4世帯に1世帯が利用しており、支出額も月額2万円を軽く超えています。いかに多くの人がネットショッピングを行っているかがわかります。

こうした成長性を見込んで、経済上の政策戦略としてもECの比率を高めたいという意向が見受けられます。今、政府はキャッシュレス決済を盛んに推進していますが、これはECの使用を促進することで経済を活性化させたいとの思惑もあるからです。

また、政府は、人が集まることなく非対面でさまざまなモノやサービスを売ったり買ったりして生活できる環境を整えるために、企業のIT導入に関する補助金や助成金を拡充させている面もあります。

このことはコロナ禍によってさらに拍車がかかりましたが、それよりも以前から着々と進められていた流れです。

日本の B to C－EC 市場規模の推移

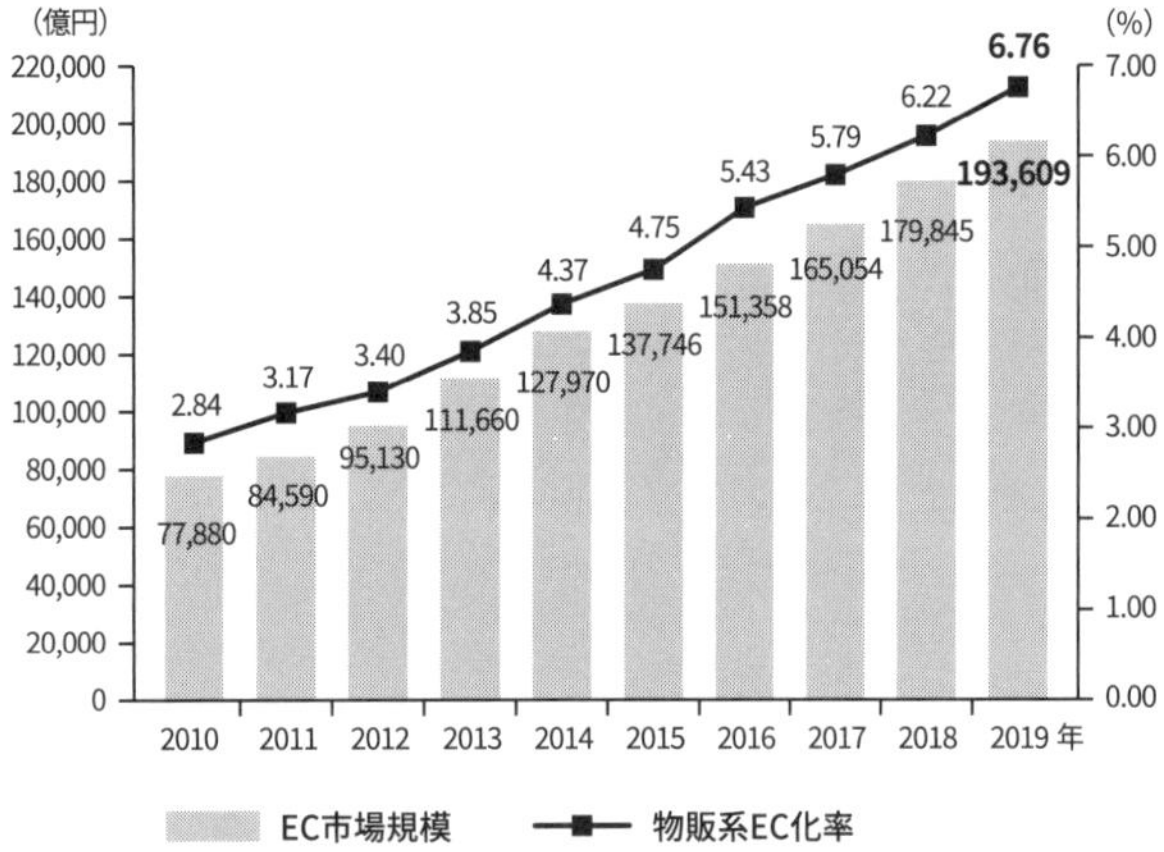

（出所：経済産業省　内外一体の経済成長戦略構築にかかる国際経済調査事業）

ネットショッピング利用推移

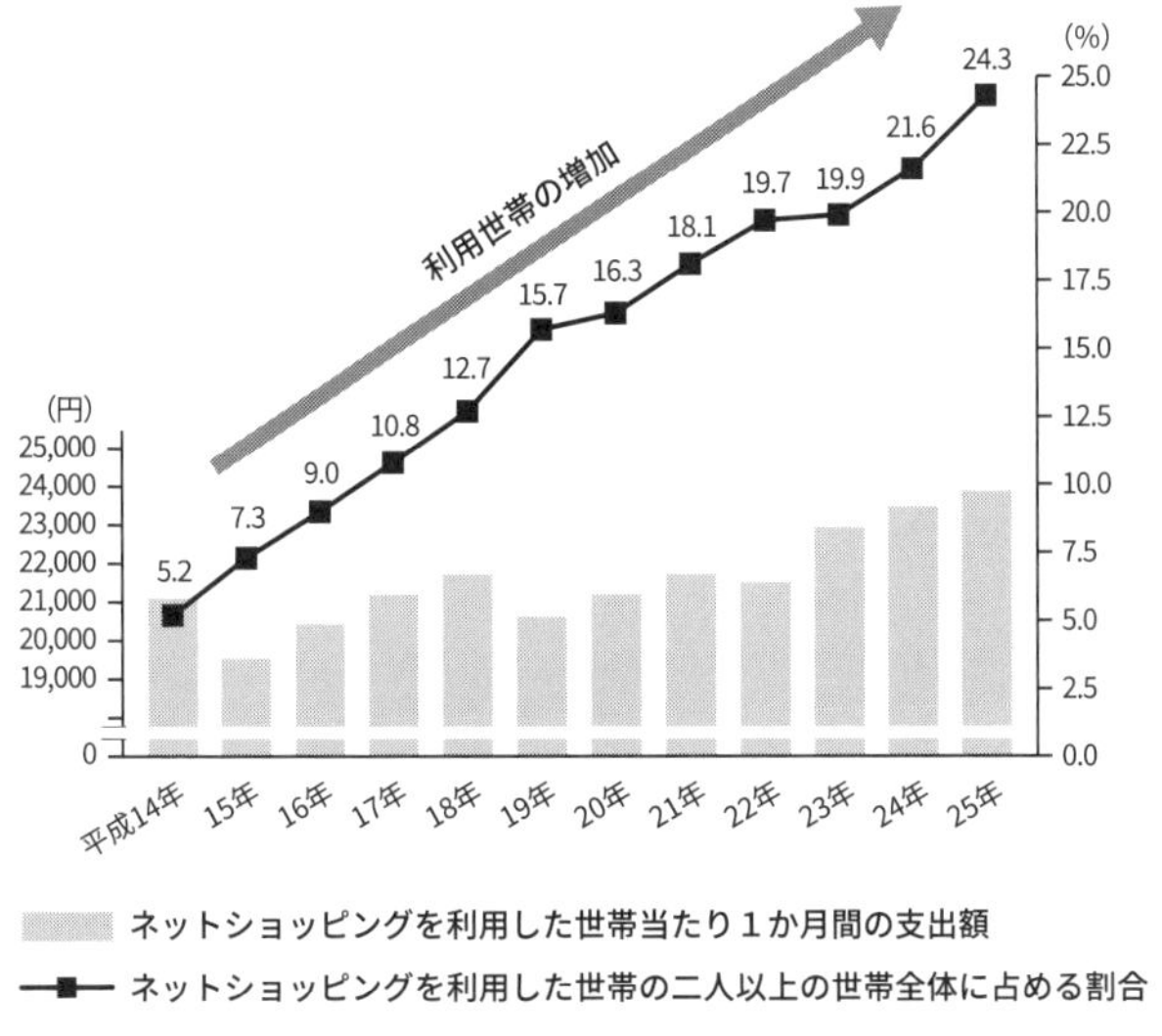

（出所：総務省統計局　家計消費状況調査）

こうした影響で既存の実店舗は大きな影響を受けています。

例えば、アメリカでは多くのショッピングモールがＥＣサイトの影響で閉鎖に追い込まれたといわれています。みなさんの住んでいるところにもあるイオンモールのような大型店舗がたくさん潰れているのです。店舗数では1万店舗ともいわれています。

ＥＣの世界でもっとも収益を上げているのがいわずと知れたＡｍａｚｏｎです。「Ａｍａｚｏｎの影響」を意味する「ＡｍａｚｏｎエフェクＴ」という言葉さえ生まれています。

「人は買い物をしなくなる」の意味するところは、当初は「実店舗で買い物をしなくなる」ということでした。ところが、これからは本当に買い物をしなくなっていくかもしれません。

人は買い物をしようとすると、類似のいくつかの商品から選ぶことになります。昔、ものがそれ程多くなかった時代は、選ぶという行為は楽しみのひとつでした。

しかし、ものがあふれた時代に生まれた現代人にとっては、選ぶことは労力を使う行為でしかなく、コストであると見る人も出てきました。

そうなると、AIに選んでもらう方が楽だと考えるのは自然の流れでした。ECショッピングの場面でAIによる商品選択は直接的・間接的にかなり行われています。自分の消費行動をAIが分析して、自動的に商品を勧めてくれるのです。

さらには、日用雑貨等でいつも使うものがすでに決まっている場合は、定期購入するという設定がECサイト上でできるようになりました。決まった時期に勝手に商品が届くようになっているのです。そういったことを踏まえて、「人は（本来の意味での）買い物をしなくなっている」といわれているのです。インターネットのサービスの方が圧倒的に便利であるがゆえに、わざわざ店に行く必要がなくなってきているばかりでなく、選んで買うという意思決定さえ希薄になってきたといえるでしょう。

こうした状況下では、インターネットを活用せずに店頭でしか販売しないというやり方で、これから本当に経営が成り立つのかということを考えなければなりません。

人口減少と消費行動抑制による苦しい現実

さらに、私たちが直面しているもっと重大な環境の変化は、日本の人口が減っているということです。

世界人口は増加の一途をたどっており、今や78億人を超えていますが、こと日本に限っていうと２００８年をピークに人口は減り続けています。近年は毎年40万人以上減り続け、２０２０年には初めて減少数が50万人を超えました。

そもそも人が減るのに加えて、人口ボリュームの多い中高年層がこれからどんどんリタイアしていきます。生産年齢人口の減少、つまり働く人が減るわけです。働く人が減れば、給料を得る人が減りますから、消費行動が抑制されます。平たく言うと、さまざまな業界でお客さまがどんどんいなくなっていくのです。

そもそも人が減っているのだから、ビジネスモデルを転換していかなければいけない――このことを切実に感じているのは住宅業界ではないでしょうか。

しかし、住宅業界は今でも相変わらず、土地を買い上げて新築住宅を造って売るというビジネスモデルを推し進めています。その結果、大都市のマンションやその近郊の戸建ては売れるけれども、一方で空き家も相当な勢いで増え続けています。

これではまるで、住宅メーカーは、他社と競って生き残ることばかりを考えているように見えてしまいます。他社の持っているシェアを奪えば、自分たちが生き残れると思っているかのようです。もちろん、これは住宅業界に限ったことではありません。市場規模そのものが縮小しているのに、各業界内で相変わらずシェアの奪い合いをしていては、進化など起こるはずがありません。

一部の勝ち組企業とその他大勢の負け組企業が生まれる、という図式ではだめなのです。実際に、大勢の負け組企業が生まれている現在、格差は拡大しました。バブル経済が崩壊した後のこの30年、労働者の給料は総体的に下がっています。当然、消費に回せるお金が人々の財布から少しずつ減ってきています。

そういう状況であっても、勝ち組になろうとする、そのためには人にものを売ろうとするから、強引な手法が出てきて問題になったり、無理なローンを組ませたりするしかなくなってきます。このようなことが継続できるはずがありません。

これを回避するには、働く人の財布の中身を増やす必要がありますが、これが容易ではないことは誰もが想像できることでしょう。

情報の価値が平均化されてきた

現在では、情報の量や質、その受け取り方もかつてとは相当様変わりしました。

昭和の時代は、情報の格差によってビジネスが成り立っていたともいえます。インターネットがない時代は、情報を持っている人と持っていない人が、今よりもくっきりと分かれていたのです。

例えば、かつてマッサージ機の訪問販売というビジネスがありました。叩いたりもんだりできる多機能のマッサージ機で、価格は25万円ぐらいしました。疲れが取れるというので相当はやったのです。

当時は、情報の入手先は新聞やテレビ、ラジオがメインでしたから、マッサージ機について調べようとしても、目当ての情報になかなかたどり着きません。そこで、営業マンは「体のここをほぐすと、こんなに疲れが取れる」という医学的な情報を営業トークして、お客さまに納得してもらい購入してもらっていたのです。

情報を持たないお客さまに、商品とその情報をセットにして販売をしていたのです。こうした商売は、売り手と買い手の間に情報格差があるから成立していました。

ところが、今はどうでしょうか。インターネットで誰でもある程度の知識が得られる時代ですから、情報格差が生まれにくくなっていきました。買い手の方が情報を持っていることもしばしばですから、商品の情報を営業に活かす方法は成り立たなくなってきたのです。

タクシーもかつては情報を売りのひとつにしていました。以前はタクシーに乗る理由として「道がわからないから」という事情がありました。しかし、今はスマホでナビゲートしてくれるし、公共交通機関の案内もすぐにわかります。目的地の遠近もすぐにわかるので、自分で歩いた方が早いという判断も容易です。情報格差の解消によって、世の中は変わってきているのです。

環境の変化はどんどん「普通」になっていく

日常生活やビジネスにおけるここ10年の変化ということでいえば、スマホの普及が挙げられるでしょう。

電話を持ち運べるだけで大変な事件だった携帯電話の時代から、カメラが装備され、メールが送れるようになり、さらには動画の視聴や、ニュースや本も読めるようになりました。さまざまなアプリによってショッピングが可能になり、銀行振り込みもできて、株の売買も交通機関を利用することもできるようになってきました。

これらのことが「普通になっていく」に従って、人々はそれらを無意識に使うようになってきます。この状況の変化がビジネスの基本的な環境となったのです。

環境が変わったのだから、それに適応したビジネスにしなければならないことは誰もが理解できることでしょう。環境が変われば、今まであった業態がなくなったり、たとえなくならなかったとしても、その業態の中身、つまり求められることが変わったりしてきます。

環境の変化は今初めて起きているわけではなく、これまでもずっと起きていました。その流れの中に私たちがいるのだということを、今一度理解する必要があります。

美容業界は、氷河期を迎えている

ひるがえって、美容業界の現状を詳しく見渡していくと、必ずしも好ましい状況ではないのは肌感覚で理解されていることと思います。

本書でいう美容業界とは、美容室、エステティックサロンだけでなく、ネイル、まつ毛エクステ等も含みます。美容と健康に関わる分野を全てと考えてください。

この業界は店舗＝サロンに、お客さまに来ていただくことによって、売上が立てられるサービスがほとんどです。当然、コロナ禍で相当なダメージを受けました。

何しろ、外に出るのを控えてくださいステイホームしてくださいというのですから、美容業界は手も足も出なくなってしまいます。

こうした状況であるにも関わらず、自分たちは利益を出し続けていくんだと奮闘しているお店もあります。みんな困っているのだから、苦労して当たり前だと思っているお店もあります。

そんな中では、「苦労するのは努力が足りないからだ、もっと技術を高めていけば、きっと持ち直せるはずだ」と考えてしまいがちです。しかし、はたして本当にそうなのでしょうか？

また、収入についても、その業界にずっといると、なんとなく今の状況が当たり前になってしまい、収入が少ないことに疑問を抱いたりはしません。年収２５０万円であっても、この業界では当たり前です。しかし、社会一般で２５０万円というと、相当低い部類に入ります。しかも美容室、エステサロンの類の会社は中小零細企業がほとんどで、中には厚生年金に加入していない会社もあるといわれています。業界にいると「そんなものだろう」と思ってしまうので、そのままがんばり続けてしまうのです。

一方で、どこかおかしいと気づいた人たちは辞めていきます。美容室、エステサロン、ネイルサロンといった美容業界で働く人たちの平均勤続年数は、厚生労働省の賃金構造基本統計調査によると、平均6年ぐらいと非常に短くなっています。他業種と比べてかなり短い期間です。これには立ち仕事の長時間労働であるという特性もあるでしょうが、収入の問題も大きいはずです。

こうした苦しい状況の中で、どうすれば自分たちが生き残っていけるかを考えた時に、多くの事業者は他人よりも高い技術、他人よりも優れたサービス、よそよりも人気の商品を突き詰めていくことを考えます。腕に自信がある人程、先程述べたように「苦労するのは努力が足りないからだ、もっと技術を高めていけば、きっと持ち直せるはずだ」という思考になりがちです。

しかし、私はそこに問題があると考えています。

「技術を高めようとすることの、どこがいけないのだ」と思うかもしれませんが、私は「技術を高める『だけ』で良い」と考えることが問題だと思うのです。

繰り返しになりますが、真面目で、技術に対して真剣な職人肌の人程、「優れた技術があれば、いつかは認められるはずだ」と考えてしまいがちです。美容師やエステティシャンを志した人は、「手に職を」という考え方を良しとして今の職業を選んでいる人も多いことでしょう。これはモノづくりをしているメーカーにもいえます。「良いものさえ作っていれば、売れるはずだ（報われるはずだ）」と考えてしまうのです。

優れた技術、優れた商品を提供することは、もちろん大切です。それらの努力は必ず報われることでしょう。しかし、その上で、いかに収入を増やす道を作っていくかを考えねばならない時代なのだということを理解しなければなりません。

あまり気分の良い例えではないかもしれませんが、敢えて表現をすると、「こうした状況下で、お客さまに提供する技術を高めることだけに注力するのは、いうなれば、池の中の魚が、自分が生き延びるためにエサの採り方をレベルアップさせせようとしているようなもの」なのです。魚たちは池の中でどうにか生き続けられることばかりを考えていますが、日々、池の水がどんどん減ってきているとしたらどうでしょうか。そのことには、池の中でエサ採りに夢中になっているとなかなか気づきません。

池の中に留まることができないなら、外に出ていくことを考えなければいけない時期に来ているのに、明日はもっとエサを採ろうと努力することを考えていてはだめなのです。

ネットに出現した大型の競合店

前述したＡｍａｚｏｎエフェクトを、美容業界の課題から考えてみましょう。

ＥＣサイトによってお店に行かなくてよくなったり、24時間いつでもショッピングができるようになったりと、消費者にとってはとても便利になりました。しかし一方で、対面販売を行っていた店からすると、大規模な競合店がインターネットに出現したことになるため、その分の利益を奪われることになってしまいます。

どこかで得た商品の情報を元にＥＣサイトで購入するということは、みんなが当たり前にやっています。

私にはこんな経験があります。

私が通っているフィットネスジムで面倒を見てくれるトレーナーさんはやはりすごく良い体をしています。仲良くなったそのトレーナーさんが、ある時耳元でこう言いました。

「大きな声では言えないんですけど、私、この店に置いているプロテインは飲んでないいんですよ。もっと良いのがあるので」

私が「そうなん？　じゃあ、どんなの飲んでるの？」と聞いたら、銘柄を教えてくれました。パソコンで検索をかけてみると、Ａｍａｚｏｎのページが上位に上がってきたので、彼がお勧めするプロテインをポチッとしました。

しかしその次の瞬間、こう思ったのです。

「でも、待てよ。彼はこのプロテインを紹介してくれたけど、彼も彼の店も全然儲かっていない。儲かったのはプロテインのメーカーとＡｍａｚｏｎだけだ」

トレーナーさんは、好意で私にお勧めしてくれたのですが、結果的にプロテインメーカーとＡｍａｚｏｎの売上に貢献することになっただけです。

家電量販店で商品を説明してもらってネットで買うとか、書店で立ち読みして良かったらネットで買うといったようなことは、誰でも一度は経験したことがあるのではないでしょうか。こういったことはあらゆる業界で起きています。

本でも洋服でも生活雑貨でもなんでもそうですが、それまでは同じ商品を売る人たち同士が戦っていました。それが今では他業種だったＥＣ企業が入ってきて様相が一変したのです。

本来あるはずだった売上を、大手のＥＣサイトと分け合うようになったわけです。

ＥＣサイトは販売代理店に止まらない

しかもＡｍａｚｏｎをはじめとするＥＣサイトはたんなる販売代理店には止まりません。それ以上のビジネスを展開しています。

例えば、ＥＣサイトは自分たちのプラットフォーム上に売り手たちの競争の場を作ります。どちらが勝ってもＥＣサイトには手数料が入ってくるので勝敗は関係ありません。

それだけでは終わらず、彼らは売れ行きの良い商品を把握することができるので、それらを自分たちでも作ろうと努力します。売れ筋商品、定番商品を自分たちで作って売る。つまり自らのプライベートブランドに組み込んでいくのです。売り手だけでなく、作り手たちの利益分配がここでは起こっています。

ニトリもユニクロも、かつてはよそで作ったものを仕入れて売っていましたが、今では自分たちで作って売っています。その方が利益率を高められるからです。

これらの動きに対抗する動きがないわけではありません。スポーツ用品ブランドのナイキはＡｍａｚｏｎから撤退しました。偽の商品が氾濫したからです。「ナイキはＡｍａｚｏｎに商品を卸しません」と宣言してしまえば、Ａｍａｚｏｎで表示されるナイキの商品は全て偽物か非正規ルートで入ってきたものということになりますから、正規品を買いたい消費者は、Ａｍａｚｏｎでは買わないことになります。

ブランドの価値には、品質保証をする意味も含まれます。ところが、偽物がはびこってしまうと品質保証ができなくなり、ブランドの価値そのものが維持できなくなります。ナイキは、Ａｍａｚｏｎでの売上よりも自社ブランドを守ることを選んだのです。Ａｍａｚｏｎはナイキの偽物商品の取り締まりを行っていますが、次から次へと現れる悪徳業者に追いつかないのが実情のようです。

メーカー側がとれる対策のひとつの例ですが、これができるのはナイキが強いブランドを持つメーカーだからです。そうでないメーカーがAmazonのようなECサイトから撤退しても、その分の売上が減るだけで、残念ながらあまり影響はないでしょう。

じつは、美容業界でも同じ問題が起こっています。ネットで売られるシャンプーやコンディショナー、化粧品等に、偽物や正規品に似せた安価な類似品が散在しているのです。一部の人たちの不正な行為によって、全体のイメージが悪くなってしまった商品もあります。こうした商品をメーカーだけの力では排除できないのが現実なのです。

がっかりされたくなくて在庫が増えてしまう

美容業界は「信用できる人から信頼のおける商品を購入する」という文化が根づいた業界です。サロンで販売される商品はパブリックで宣伝されている商品ではありませんから、お客さまがどこでその商品を知るかというと、美容師やエステティシャンからの紹介です。

「良いお店」「信頼できるスタッフ」だと思っているからこそ、そのお店を訪れてスタッフを指名しますし、そこで紹介された商品を購入もしてくださいます。

ところが、よくあることなのですが、スタッフが商品提案した後に「考えておきますね」と言って帰られたお客さまから、「じつはあれから気になってネットで買っちゃったんですよね」と報告を受けることがあるのです。

店頭で商品を買ってもらえればスタッフの評価につながりますが、このような報告を受けるとスタッフのモチベーションは下がってしまいます。自分は商品の紹介だけして、他人の利益に貢献したことになるのですから、それも無理はありません。

また、仮に店頭で買っていただいたとしても、次の来店までに間が空いてしまったら、そのお客さまはシャンプーだけを買いにお店に来てくださるでしょうか？

いいえ、こんな時は、やはりネットで購入してしまうのです。

先日、こんな話を聞きました。

あるお客さまが、シャンプーがなくなったからとお店にやって来ました。手には菓子折りをお持ちになっています。「カットやカラーリングをしてもらうわけでないのに、シャンプーだけを買いに行くのは申し訳ない気がして……」と、わざわざご用意されたというのです。

日本人には、相手の気持ちをとても大切にするところがあります。なので、このようにお考えになったのでしょう。これは、一見美談のように思えますが、お客さま個人の利益にかなうかどうかを考えると、全くそうとはいえません。

シャンプーを買うのに3000円のお菓子を持参していたら、そのシャンプーは非常に高い買い物になってしまいます。一度、お菓子を持って行ったからと、これが習慣になって、毎回何かを持って行かなければならないように思ってしまう人もいるでしょう。そういう時、多くの日本人はどうするかというと、お菓子を持って行くのをやめるのではなく、来店自体をやめてしまうのではないでしょうか。


また、こんな話もよく聞きます。

かつてインターネットが未発達だった頃は、情報そのものが少なかったので、お店が紹介した商品以外の情報をお客さまが知ることはまれでした。

ところが、今はどうかというと、お客さまはお友だちのSNSを見て「友だちがインスタでこのシャンプーが良いよって言ってたんですけど、この商品っておたくのサロンで買えますか」というふうに、聞いてくる時代になってきました。

贔屓にしてくださっているお客さまの提案は邪険にできませんから、お店では、そのお客さまのために商品を仕入れようと考えます。

ところが、業界の慣習で、メーカーから商品を購入する場合には「ロット仕入れ」が基本です。

例えば、ロットの仕入れが10個だったと仮定して、ひとりのお客さまの要望を満たすために10個仕入れると、残りの9個は他のお客さまに買っていただかなくてはならなくなります。運良く売れれば良いのですが、売れなければそれはそのまま在庫になります。

しかも、いざモノが届いたら結構大きくて、どこに置こうか戸惑うこともしばしば……。こんなことが繰り返し続くと、在庫が増えるだけで収入にはつながりませんし、なんのために店舗を構えているのかわからなくなってきます。

お客さまにがっかりした顔をされたくはありませんが、在庫が増えれば、だんだんとスタッフのモチベーションは下がっていってしまいます。

在庫を解消しようとしてやがて値崩れにつながる

サロンは、メーカーからシャンプーやコンディショナー等を買い取って店舗に並べます。売れ残った在庫をどうするかといえば、現在では、オークションサイトやメルカリといった消費者同士が売買するサイトでディスカウントして売るようになってきました。すると、誰もがより安い商品を探すので、やがて正規の価格で買わなくなってしまいます。

値引き販売は、フリーマーケットぐらいの小規模なものであれば良いのですが、メルカリぐらいの規模になると値崩れを起こすのに十分な影響を与えることになります。

美容商品だけでなく、衛生商品や衣類等も、店舗や業者が売れ残ったものを出品することが多くなってきているのが実情です。

「背に腹は代えられない」と言ってとった行動とはいえ、長期的に見ると、業界全体の利益、ひいては自分の未来の利益も損なってしまっているのです。

これは、オークションサイトに限った問題ではなく、ＥＣサイトでも同様のことが起こっています。薄利であっても在庫を抱えているよりは良いと、商品をＡｍａｚｏｎや楽天市場等に安く出品してしまうと、その商品の市場価格はどんどん下落してしまいます。

メーカーは当然このことを把握しています。これを回避するために、メーカーはＥＣの販売代理店に「乱売しないでください」と規制をかけようとします。「お店では定価で売っているのだから、そちらも定価で売ってください」と申請することを考えます。

ところが、こうした販売価格を指示することは、独占禁止法に抵触する案件となってしまうのです。

独占禁止法とは、文字通り独占を禁止する法律です。談合を行って価格を操作することは、この法律に触れるのです。資本主義経済の中では公正な競争が奨励されるためであり、独占禁止法の最大の目的は消費者利益の保護にあります。従って、販売会社は合理化等を行うことで販売価格を下げるよう努力することができます。そうすれば、消費者は安く商品を手にすることができます。

そのため、「定価で売ってください、安売りをしないでください」とメーカーが販売会社に申請することは、消費者の利益を損なうことになり法律で禁止されているのです。メーカーは、自社商品であろうとも独占禁止法に抵触すると公正取引委員会から追及を受けることになり、厳しい処罰があります。

消費者の視点から見れば、たしかに安く買えることに越したことはありません。しかし、それが度を超えて不当に設定された価格であれば、販売会社は利益を得ることができず、倒産する事態を招きかねません。そうなると、最終的には消費者の利益につながらないことになってしまいます。しかしながら、現状では、独占禁止法の改正がされない限り、メーカーができることといえば、「インターネットで廉価で販売されている商品は非正規流通品なので、トラブルが起きてもアフターケアはできません」と注意喚起するくらいが精一杯なのです。

巨大なＥＣ企業と共存する世界で活路を見出すには

さまざまに外部環境が変化する中で、巨大なＥＣの大企業に対抗していくには、彼らとは違った価値をお客さまに提供していくしかありません。「ジリ貧状態をなんとか現状維持に」しようとするだけでは、現状はなかなか変えられません。昔ならともかく、今は「現状維持は緩やかな衰退と同義」だといえるからです。

巨大なＥＣ企業のプラットフォームビジネスに対抗するには、私たちも、自分たちのプラットフォームビジネスを手掛けていく必要があります。彼らとは全く違う理念で構築したプラットフォームビジネスです。

これについては次章以降で詳しく紹介していきますが、その前に私自身の経歴を少しだけお話しさせていただきたいと思います。私がなぜプラットフォームビジネスにたどり着いたのか、そこには私のこれまでの経験が背景にあるのです。

私が創業をした理由

ひと口に経営者といっても、みなさん、さまざまな経緯があります。創業社長の場合もあれば、2代目、3代目として経営されている方もいます。銀行に勤めていた人が請われて社長になる場合もあるし、コンサルタントとしてアドバイスしていたら誘われて経営者になった人もいます。

いずれにせよ、人脈であったり、代替わりであったり、人それぞれの背景があって経営者になるのですが、私の場合はそうしたものが何もない状態で事業を始めました。強いて言えば、「想い」だけで経営者になったといえるかもしれません。


元をたどれば、私が最初に働きだしたのは18歳の頃、料理人として職に就いたのが最初でした。ところが、ある事情があって借金を抱えることになってしまい、それを返済するために肉体労働を始めることになりました。

当時は、建設現場の作業員か、宅配便会社のセールスドライバーになるのがもっとも稼げる道でした。当然、重労働稼げるわけです。学歴が高いわけでもない人がたくさん稼ごうとするなら汗をかくしかなかったのです。

私は、これらの仕事をするうちに、トラックや重機関係等、現場で必要とされるような資格はほとんど取得しました。


がむしゃらに働きました。

宅配便会社のセールスドライバーで働いていた時は時給700円でした。当時、喫茶店のアルバイトが400円ぐらいでしたから、ドライバーの仕事がいかに高い時給だったかわかると思います。初任給は35万円。月に500時間も働いていたのです。勤務時間は平均して毎日16、17時間にもなりました。

食事と風呂とトイレ、最低限の睡眠の時間以外は全て仕事をしていました。22歳ぐらいになると、同じように高卒で働き始めた同級生たちが手取り月7万円ぐらいだったのに対して、私は70万円程も稼いでいたのです。

当時は、宅配便会社が急成長している時期でしたからとにかく仕事が多かったのです。ワタミの創業者の渡邉美樹さんは宅配便会社のドライバーをしていたことで有名ですが、そこである一定期間、資金を貯めて起業する人は当時から多かったのだと思います。

どれだけ仕事がハードだったかというのは、宅配便会社に勤めた人が集まれば必ず語り草になるぐらいです。家に帰ったら眠るだけの毎日でした。ベッドにたどり着く前に眠りに落ちてしまう程体を酷使したのです。それだけの時間を仕事に費やせたというのも、若くて体力があればこそできたのでしょう。

今やるべきことは他にあるのかもしれない

　この時期に、お金を稼げることの他に良かったことがありました。それは肉体労働の限界に気づくことができたことです。

「体を使って全ての時間を仕事に使うと、これくらいの仕事ができる、これがマックスであって、これ以上稼ぐことはできないのだ」ということがわかったのです。1時間につき何百円かで働いている限り、必ず上限に達する時が来る。このことを自身の体験をもって学ぶことができたのは大きな収穫でした。

　肉体労働というのは、特別な技術を必要としないのであれば、若くて体力のある人程稼げます。ここが知的労働とは決定的に違うところです。知的労働では年を経て経験を積み重ねる程仕事が習熟していき、収入も上がっていきます。

私は、宅配便会社でセールスドライバーとして眠い目をこすりながら働いていた時、ふと思ったのです。

「このままずっとこの仕事を続けられるだろうか。この仕事を続けて、年をとったらどうなるのだろうか」

そう考えた時、「この仕事は体さえ健康ならいつでも戻れる。だったら、今のうちにやらなければならないことは他にあるのかもしれない」と思うようになっていきました。

その頃には、もう借金はほとんどなくなっていましたから、次の展開を考えることにしたのです。

「お客さまの幸せのために」を腹の底から理解する

20代半ばになった頃、消費者参加型流通ビジネスが隆盛を迎えていました。消費者参加型流通ビジネスは消費者が自身の人間関係のネットワークを使って、物品の販売を行う形式のものです。

中には違法な営業行為や強引な勧誘を行う企業もあって社会問題になったことがありますが、このビジネスモデル自体は違法ではありません。実体を伴わず、架空の物品・サービスを売りにしてお金を集めるのは違法となりますが、商品の実体がしっかりとあれば、しごく真っ当な商売だといえるでしょう。

消費者参加型流通ビジネスは、口コミに価値を見出しているという点が、私にはとても新鮮に感じました。大きな資金を準備しなくても、自分自身のやる気と行動力があれば良いのです。労働時間を切り売りするだけでは得られない、やりがいがあるように感じました。

通常の会社であれば、高卒か大卒かで選別されて、それから先は、給料が違うだけでなく、出世コースも決まってしまいます。学歴も経験も人脈もない私でも始めることができて、誰もが同じ条件で競うことができるというビジネスは魅力的でした。

しかし、そうして飛び込んだのは良いのですが、現実は、そう簡単な世界ではありませんでした。やる気と根性だけではうまくいかない世界だとわかり、自分の能力に加えて学びが必要だと痛感したのです。

その頃扱っていた商品はマッサージベッドで、価格は19万8000円でした。さまざまなことを学びながら、やがて私は、他人のビジネスに組み込まれてしまうのではなく、自分自身がリーダーシップをとることを考え始めたのです。そうして、私は26歳の時に、この商品を扱う会社を設立しました。

この会社を経営していく中でも多くのことを学びました。やはり、自分が労働者として働いているのと、経営者となるのとでは全く意識が変わります。それによって見えてくる世界が違ってきますから、次元の違う学びを得ることができたと思っています。

中でももっとも大きな学びだったといえるのは、「誰かの夢を叶える応援をすることが、自分の夢を叶える一番の近道だ」ということに気づいたことです。

お金もない、人脈もない、経験もない人間が、自分の夢を叶えようとする時こそ、他人の幸せを願い、その人に笑顔になってもらうことを考えるのが重要だったのです。

自分のことばかり考えていると、自分の夢を叶えるために他人が存在するような錯覚に陥ることがあります。一時的でも良い、他人の幸せはないがしろにして、自分だけ夢が叶えられれば良いと思ってしまうのです。しかし、ビジネスにおいては、売り手側だけが一方的に得をするようなものは、たとえ成功したように見えても、早晩、廃れていくものです。

他人は、自分の人生から見れば脇役のひとりかもしれません。しかし、当たり前ですが、他人であるその人は、その人自身の人生の主人公です。だから、他人も自分と同じように夢や希望を持っていて、幸せになりたいと願っているのです。そして、人は皆それぞれ、喜びや幸せを感じたくて商品やサービスを購入するのです。自分のためだけに働いていると、このしごく当然のことが見えなくなってしまうのです。

「私がマッサージベッドを販売するのは、自分が儲けたいから売るのではない。買ってくださったお客さまが今日の疲れを取って、また明日、充実した一日を過ごせるようにと願って売るのだ」。このことを、腹の底から理解できた時に、たちまち売上が増えていきました。自分のためだけに売るという意識でいると、それは相手にも伝わり、営業トークだって心のこもらないものになるはずです。しかし、営業トーク以前に、私の中で商売に対する姿勢が大きく変わっていったのです。これが、私なりの進化の瞬間でした。

「人と人とをつなぐ」という構想が生まれる

マッサージベッドの販売を通じて、「人は健康のためにお金を使うことに喜びを感じる」ことがわかってきました。それならば、「美容のため」にも同じように喜びを感じていただけるのではないかと思い、次にエステサロンを経営することにしました。それが30歳の頃でした。今度は、お客さまに「美」を提供して、その人の夢を叶えることに貢献しようと考えたのです。

エステサロンでは、それまでと違って従業員を採用して展開していくこととしました。ところが、人を雇用することがいかに難しいかを、この時痛感することになります。

マッサージベッドの販売は無店舗型でしたが、エステサロンはお客さまにお越しいただくため有店舗型となります。

無店舗型の仕事をしていた時は、ひとりで営業もやれば、事務作業も行います。全て自分でオールマイティにこなさなければならない。そうなると、効率が悪くなります。

それを、営業は営業、集客は集客、技術は技術として、専門の従業員がそれぞれ力を発揮する方が効率が良いと考え、分業することを考えたのです。そんなことは常識かもしれませんが、私の場合は何もかも一から作っていますから、手探りで進めていきました。

ところが、募集をかけて雇用したエステティシャンや事務員は、なかなか思うように働いてくれません。自分はそれまで、自分自身の体を動かし、自分で勉強して知識を蓄え、それこそ寝食を惜しんで働いてきていましたから、どうしても従業員の働きが物足りなく思えてしまいます。

それに、始めたばかりの会社にそれ程有能な人が応募してくれるはずもありませんから、人材を選べるわけではありません。応募してくる人は、「自宅から近いから」とか、「とにかくお金が欲しいから」という感じで、意識も高くはなくやる気もそれ程ないわけです。

従業員の物足りない働きを見ながら、私にはモヤモヤが募っていきました。

自分ひとりで全ての業務をこなしていた時は、自分がひたすらがんばって働けば良いので、その分は気が楽といえば楽でした。しかし、それでは体に限界があるし、効率が悪い。それならばと従業員を雇用してみたところ、思うように働いてはくれない。

試行錯誤をするうちに、従業員にも、お客さまと同様に「喜び」が必要なのではないかと、思い至りました。

「お客さまの笑顔のために」商品を売るならば、「従業員の笑顔のために」商売をする。経営者のために従業員を使うのではなく、従業員のために経営をする、そういう考え方があるのではないかと思ったのです。

そのためには、いったい何が必要なのだろうと考えるようになりました。

それがやがて、人と人をつなぐ「プラットフォームビジネス」の基本構想への道になっていったのです。

第2章

プラットフォームビジネスとは何か？

口コミがマーケットを作っていく

「パブロとブルーノ　水を運んでいた二人の物語」

という中世のヨーロッパを舞台にしたお話を聞いたことがあるでしょうか？

このお話は労働収入と権利収入について物語形式で解説したものです。短いお話なので、少しお付き合いください。

ある村にパブロとブルーノという二人の青年がいました。二人は親友でお互いより良い人生を歩みたいという願いを持っていました。

ある時、彼らが住む村で仕事の募集がありました。山奥にある泉から麓にある村まで飲用水や生活用水として水を運ぶ仕事です。その報酬は運んだ水の量によって決まります。

若い二人はこれをチャンスだと感じ、早速、応募して働き始めます。

それから毎日、二人は朝から晩まで、山奥の泉から麓の村まで、両手に抱えたバケツに水を入れて泉と村を何度も何度も往復しました。

一日の終わりに二人はその日の報酬を村長から受け取っていました。ブルーノは毎日、お金を稼ぐことができるので、この仕事に満足していました。

しかし、一方のパブロはこの仕事に納得していませんでした。一日の仕事を終えると、腕や背中が痛くなっていたからです。バケツで一杯ずつ水を運ぶのはいかにも効率が悪い。もっとラクに水を運ぶ方法はないかと考えるようになっていきました。

ある時、パブロは泉から村まで水のパイプラインを引くことを思いつきます。

いったんパイプラインを造ってしまえば、あとは楽に水を村に引くことができます。

しかし、パイプラインを引くのは多大な労力を必要とします。パブロはまず、ブルーノに声をかけました。一緒にパイプラインを造ろうと誘ったのです。

ところが、ブルーノはやればやっただけその日のうちに収入があるバケツでの水運びに満足していましたから、パブロの構想をバカげていると一蹴してしまいます。

ブルーノは早く牛や家を手に入れたかったので、バケツを大きくし、泉と村を往復する回数を増やしました。

断られたパブロでしたが、パイプラインの夢をあきらめることはなく、平日の昼間はこれまで通り水汲みの仕事をして収入を得ながら、平日の夜や休日をパイプライン造りに充てました。

仕事量を増やしたブルーノですが、次第に激務がたたって体に変調をきたすようになりました。体が弱ってきたせいで、ブルーノが運ぶ水はどんどん少なくなっていき、それに比例して収入も少なくなっていきました。

２年経ってやっとパイプラインができ、放っておいても泉から村まで水が届けられるようになりました。水を運ぶ必要がなくなったので、ブルーノは失業してしまいました。

一方でパイプラインを所有しているパブロのもとには、村人が水を使えば使う程、その利用料が収入として入ってくるようになりました。パブロが食事をしている間も、眠っている間でさえも、お金が入ってくるようになりました。パブロはパイプラインの権利を持っていることで、「権利収入」を得ることができたのです。

富を分配することで、経済は活性化する

このお話は肉体労働の限界と、権利収入という道があることを教えてくれます。パイプラインは現代でいえば、さしずめITインフラ等にあたるかもしれません。資本主義の誕生以来、社会では資本家と労働者という構図がずっと続いてきました。当初は資本家と経営者はイコールで、労働者を雇って利益を得ていました。次第に、経営は経営のプロに任せ、資本家はお金を出すだけという役割分担が生じました。その結果、資本家は会社の利益を株価の配当という形で受け取るようになりました。

その結果、富めるものはさらに富み、そうでないものは貧しいままという格差が

拡大することになりました。今や世界のお金持ちの上位１％の人が、世界全体の資産の50％を保有するまでに格差が広がっているのです。

これでは社会が不安定化するというので、定期的に生活資金を無条件で給付する「ベーシックインカム」や、顧客や株主だけでなく、従業員や取引先といった全ての利害関係者（ステークホルダー）との関係を重視する「ステークホルダー資本主義」といった考え方が出てくるようになりました。

ごく一部の資本家たちが利益を独占するような格差社会は、多くの人が望んではいません。この格差を是正するには、国に任せているだけでは不可能で、民間からの働きかけが必須です。

富の再分配がうまくいっていないのが現状なのですから、そこを民間の手によってあるべき姿に戻していくことが必要なのです。

高度経済成長の時代は、この「富の再分配」がある程度はうまくいっていました。象徴的なのが前回の東京オリンピックが行われた昭和39（１９６４）年頃のことです。企業が得た利益が税金として徴収され、それを元に公共工事が行われ、高速道路や新幹線といったさまざまな社会インフラが整備されていきました。社会の隅々まで経済が行き渡ったので、労働者は可処分所得が増えていき、車や家電を買うなどして、さらに企業が利益を得るようになるという好循環になっていきました。

顧客や株主だけでなく、従業員や取引先といった全てのステークホルダーに利益が還元されるようになる仕組みは、格差是正のために必然的に登場した考え方だといえます。

これは、経済全体が上向きだった時代だからこそできたことなのでしょうか？じつは、このような富の再分配に、現在でも大きく寄与できるのがＩＴを駆使したプラットフォームビジネスなのです。

ヘンリー・フォードの先見の明

自分のところだけ儲かれば良いのではなくて、ステークホルダー全体を潤わせることを考える。その方が長期的に見ると、自分たちもまた潤うことになるのです。ところが、よそから奪って競争に勝とうとしている企業ばかりでは、こういったことは成り立ちません。それにいち早く気づいていたのが、自動車王と呼ばれたヘンリー・フォードです。

彼はある時、フォード社の従業員の最低賃金を日給２ドルから、５ドルに増やしました。労働者の生活を潤わせ、従業員自身がフォード社の車を買えるようにしたのです。その結果、Ｔ型フォードという大衆車が大流行し、やがてフォード社の社員以外の人たちにも人気となって、全米のいたるところでＴ型が走るようになりました。

フォードが労働者に還元せず、自社に利益を貯め込む決断をしていたら、その後のフォード社の繁栄はなかったのではないでしょうか。フォードは従業員の給料をアップすることで、自分たちのマーケットを育てていたのです。働く人はやがて消費者となる、ということを見抜いていたのは慧眼だったといえるでしょう。

自分たちだけが儲かれば良いという経営理念の企業は、その企業が属するマーケット全体を萎ませていってしまいます。それも、一気に萎むわけではなく、じわじわ小さくなっていくので、何が起こっているのかなかなか気づけません。

情報と人同士のつながりを動かすプラットフォーム

では、美容業界が全体的に潤うには、どうしたら良いのでしょうか？　私は、その解決策のひとつが、プラットフォームビジネスにあると考えています。

まず、「プラットフォーム」とはなんでしょうか？　言葉の意味としては「何かを動かす土台となる環境」ということになります。「駅のプラットフォーム」といえば「電車を動かすための土台となる環境」です。

そして、「プラットフォームビジネス」といった使い方をする時には、情報や商品、サービスを提供する「場」を使ったビジネスということになります。プラットフォームを運営する事業者（プラットフォーマー）と、そこを利用する小売業者（プレイヤー）と、そこでモノを買ったりサービスを受けたりする消費者（ユーザー）

が一体となって経済圏を作っていく、その総体です。

私たちが志向するプラットフォームビジネスで動かすのは、例えば「このシャンプーがとても良かったよ」といった情報であり、それらを伝える人と人とのつながりです。だから、「情報と人同士のつながりを動かす土台となる環境」が私たちの言うプラットフォームです。

口コミには広告よりも大きな利点が

美容業界は、口コミが重要な意味を持つマーケットです。私は、美容室でもフィットネスジムでも広告を見て行くということはありません。ほとんど全て、誰かからの紹介です。

商談の終わりにちょっとした雑談をする中から、「あそこは良いよ」「自分も行ったけど良かったよ」という話をよく聞きます。自分が知っている人から紹介してもらった方が、広告で知った店を闇雲に試してみるより信頼度が高くて効率が良いからです。

私はエステサロンを長く経営してきましたが、やはり紹介で訪れたお客さまの方が定着率、契約率が圧倒的に高い傾向がありました。

ただし、新規で顧客を得ていくには広告を打つ必要があります。まだ口コミでつながっていない人に訴えるには、広告に勝るものはありません。そこで、口コミと広告とを活用して、双方の良いとこ取りをすることが大事でした。

口コミのビジネスをリファーラルマーケティングといいます。

口コミがなぜビジネスになるのかというと、口コミによってお客さまがお客さまを連れて来てくださるからです。広告を打たなくても、お客さまが新規のお客さまを紹介してくださるのです。

モノがあふれている世の中では、大抵のものが揃っています。商品を差別化することも難しくなっていて、小さな違いだけれど優れたところを、わかりやすく説明するには大変な努力が必要です。それに、どんなに優れた広告を作ったところで、それを見た人はそのまま信用してくれるわけではありません。そもそも、広告を目に止めてくれるかどうかが、賭けのようなものなのです。

ところが、お客さまの口コミには、信用があります。「あの人がお勧めだと言ってるんだから、きっと良いモノに違いない」という信頼感があらかじめ備わっているのです。

それに、人口がそもそも減っているのですから、お客さまにお店に来ていただくことがまず難しい時代です。だから、お客さまがお客さまを紹介してくれることは、お店の側からすればこれ程ありがたいことはないのです。

25年間エステサロンを経営してきて、私はこのことを痛感しました。

広告費を掛けた結果、新規で来てくださったお客さまがいて、「広告費÷お客さまの数」を計算すると、ちょっと幅があるのですが、良い時で3000〜7000円ぐらいでした。悪い時で3〜5万円です。ひとりのお客さまを集客するのにそれぐらいの費用が掛かっていたのです。

ということは、１００万円の広告を打っても10人、20人しか来てくださらないということになります。それならば、例えば、お客さまを紹介してくださったお客さまに1万円支払っても損にはならないのではないでしょうか。これはもちろん、集客に成約した場合の成功報酬として考えた場合です。

広告にかける費用は、お客さまが来ても来なくても先に資本を投じる必要がありますが、成功報酬としての紹介料であれば、お客さまが来てくださった後からの支払いとなります。口コミによる集客には、広告よりも大きな利点があると考えられるのです。

営業トークよりも信頼度が高い

口コミに対して報酬を払う仕組みは、自分が声をかけた人が何かものを買ったり、サービスを受けたりした時に、自分にインセンティブが発生するというものです。これは、アフィリエイトの仕組みに似ています。

しかし、サロンで「ご紹介をしていただいてありがとうございます。これはほんの御礼ですが……」と報酬を手渡しするのでは、時代にマッチしません。そこで、後述しますが、私たちはこの仕組みをデジタルのシステムに組み込みました。

私が口コミに価値があることに気づいたのは、マッサージベッドを販売していた時です。マッサージベッドは当時では高価だったのですが、お客さまが友人知人に商品を紹介して、その人が購入すると、紹介した人に紹介料が支払われるシステムになっていました。

私が20代の頃は、こうした消費者参加型の流通ビジネスがはやっていました。広告を打つのではなく紹介してもらって商品を知っていただくわけです。

消費者自身が「この商品は良いよ」といって友だちに紹介する。紹介された方は、良い商品の情報を得ることができるし、紹介する方は紹介料がもらえるし、どちらにも喜んでいただけるので、私はやりがいを感じていました。

何かの商品を使った体験を通して「この商品、良いからあなたも使ったら」と言って紹介した時点では、お金のやりとりは発生せず、ただの世間話で終わりです。しかし、「それなら買おうかしら」と販売が成立した時には、商品を売る側からしたら営業活動を代行してくださったようなものだから、感謝の意味を込めて報酬を差し上げていたのです。

こうした消費者参加型のビジネスはいろいろと生まれ、その中にはこれを悪用する企業も出現してしまったのですが、元々の出発点としては、誰かに喜んでもらいたいという善意がベースになっているのだと思っています。

プラットフォームが実現できるさまざまな課題解決

モノが売れない状況に直面すると、人は簡単に「値下げをすれば良いんじゃないか？」と考えてしまいます。しかし、はたして本当にそうでしょうか？

例えば、醤油を1本300円で売っていたとしましょう。それを大特価ということで、250円で売ることにしました。すると、お客さまはお得だからと、この機会に２本買っておこうと考えます。２本で５００円の売上ができました。

お店は、客単価の売上が３００円だったものが５００円になったといって喜ぶのですが、長期的に見れば本来６００円得られるはずだったものが５００円しか入ってこないので、本来の売上からすれば１００円減っています。

お店も、ここまでは織り込み済みです。これでお客さまが戻って来るだろうと期待しての値引きセールでした。

しかし、醤油を１本２５０円で買うことを覚えたお客さまは、通常価格に戻った醤油を買うのに迷ってしまいます。「また大特価セールをやるはずだから、その時に買えば良いわ」と考え、いわゆる「買い控え」が起きるようになるのです。

以前は３００円で買っていたことを当たり前としていたのに２５０円で買うことを覚えたら、３００円の値札を見ると瞬間的に「高い！」と感じるようになるのです。

エステサロンも美容室も、物品の値下げキャンペーンをよく展開していますが、キャンペーン慣れしたお客さまは、もう定価では買わなくなっているのではありませんか？

さらには「キャンペーンがない時はお店に行かない」ということが習慣化してしまった場合、それが経営を圧迫する要因のひとつになっている可能性は大いにあるのです。

ポイント還元なら、来店を促進できる

値下げの弊害をなくすためには、値引きをしないことしか解決策はありません。「でも、それではお客さまが商品を買ってくれない」という問題に戻ることになってしまいます。しかし、解決方法はあります。例えば、値下げの代わりにポイントで還元するのです。

例えば、ある商品を３００円で買っていただいた時に、次の購入時に使える50円

分のクーポンを渡すのです。当日に50円を引くのではなく、次回の来店時に50円を引くわけです。

どちらも、３００円から50円を引くので、結局は２５０円なのではないかと思えますが、じつはそうではありません。このクーポンに使用期限をつけておけば、次の来店のタイミングを促すことにもなります。

こうすることで、お客さまは「次回のキャンペーンを待ってからお店に行こう」という考えから、「このキャンペーンが終わる前にお店に行こう」という考えに、意識が変わってきます。

「今、引く」のと「次回、引く」のとでは効果は異なってくるのです。また、安易に値引きをしてしまうと、商品ブランドを毀損するという問題もあるでしょう。

近年、アパレルECサイトのＺＯＺＯＴＯＷＮからいくつかの有力ブランドが撤退しました。ブランドが毀損されるから、というのが主な理由です。

ＺＯＺＯＴＯＷＮでは定期的に値引きキャンペーンが行われます。すると、ＺＯ

ＺＯＴＯＷＮで安くブランド品が買えることを覚えた消費者は、ブランドのオフィシャル店舗では割高だと感じて買わなくなってしまいます。「なんだほんとは安いのか」というイメージがつくことにより、ブランドが傷つけられてしまうという理由もあるようです。

値引きは、短期的には売上を立てやすいけれども、その後、販売不振に陥る可能性を秘めた「禁断の果実」であるといえます。しかし、資金繰り等を考えると、とりあえず急場をしのごうと「禁断の果実」に手を出してしまう経営者は後を絶たない、そんな状況がどの業界にもあると思います。

しかし「値引き販売には、デフレを助長する効果こそあれ、長期的な売上にはなんら寄与しない」ということを、私たちは理解しておく必要があります。

「値引き販売型から還元販売型へ」と小売店業界が変わっていかなければならないのです。では、お客さまが来店するたびに、ポイントカードにスタンプを押したり、ポイントとして使えるチケットを渡したりすれば良いのでしょうか。それは、お店にとってもお客さまにとっても面倒ではないでしょうか。

ポイントで還元するという方法は、デジタルのプラットフォーム上でなら簡単に実現できます。詳しくは後述しますが、これもまた、私たちがプラットフォームビジネスを推進する理由のひとつなのです。

社員販売は重要なマーケット

私たちは消費者のマインドを大きく分けて二重に見ています。二重とはどういうことかというと、ひとつは一般消費者、もうひとつはスタッフによる購入、いわゆる社員販売（社販）の部分です。

例えば、オンワード樫山というアパレル企業があります。彼らは年に何度か「ファミリーセール」という、売れ残った商品を社員の家族等に廉価で販売するイベントをやっています。最寄りの駅から専用バスが出て、販売会場に連れて行ってくれて、正規の値段から割引価格で衣服を購入することができます。

今はB級品をアウトレットモールで売ることも増えていますが、ファミリーセールのような形で売る企業もいまだにあります。特に、ファッションのように商品サイクルが早いもので、食品のように消費期限のないものは、正規品を売る場とは別の場所で売っているのです。

オンワード樫山のように、莫大な在庫を常に抱えている企業は、そうした独自のマーケットを作って在庫をなるべく圧縮するように考えているのです。

また、例えば、ある化粧品会社は、社員は皆カード会社と提携した特別なクレジットカードを持っています。通常は信用枠が50万円しかないところ、このカードは100万円あるいは200万円までの枠があります。

従業員は日常的に自社商品を使う必要があるので、1、2年でこの信用枠が埋まるくらい買い物をします。大手企業になると従業員数もかなりの数になりますから、社員マーケットだけでもかなりの規模になるのです。

　ところが、中小零細企業で、なんの仕組みも準備もないままに同じことをやろうとすると、社員に自社製品の購入を迫ることになり、とたんにブラック企業に近づいてしまいます。

　極端な例ですが「うちの商品は良いものだから、あなたの親戚には大値引きの30万円で売ってあげる。その代わり5口は確保してくださいね」と言うと、これはもう完全にブラックです。商品が良いものかどうかは、関係がありません。

　以前、郵便局でノルマを課して、できなかったら自腹で購入させていた例もあるぐらいですから、こうしたことはさまざまな業界で行われていることでしょう。マーケットの中で需要が落ちてきた時に業績を維持しようと思えば、一番安易なのは縁故を頼ることです。でも、そこを間違えるとブラックになりますし、根本的な解決には全くなってはいません。

　そうならないためには、どうしたら良いのでしょうか？　サロンの場合、スタッフがお客さまに商品をお勧めする時には、やはり自分で使ってみた感想を伝えることが一番です。しかし、ものによっては値段の張る商品を自腹で購入することになるので、かなりの負担になってしまいます。

そこで、いつでも社販の割引価格で購入できる仕組みを、私たちは考えました。デジタルのプラットフォーム上で購入できるので、買う・買わないは本人の自由意志によります。

プラットフォームは、このようなことも便利にしてくれるのです。

プラットフォームが自分たちのメディアになる

テレビや新聞などで、よく「紹介してくれたら〇〇円分の商品券を差し上げます」という広告を見かけます。しかし、こういった広告が、きちんとターゲットの目に届いているかどうかは、ある種の博打みたいなものです。しかし、これをアナログではなく、デジタルのプラットフォーム上で行えば、しっかりとターゲットに届けることができるのです。なぜならば、プラットフォームには、あらかじめ、ある特定のジャンルに興味を持つ人が集まっているからです。

私たちは、そこから一歩進んで、たんなる広告を載せるのではなく、口コミに広告の機能を持たせて、プラットフォーム上で展開をしています。お客さまの信用度においては、広告よりも口コミの紹介の方が高くなることは、前述した通りです。

商品が売れたら、紹介してくださったお客さまに成功報酬が支払われます。この時に活用するのが、またしてもポイントなのです。ポイントで還元すると、お客さまはポイントが使える期間にお店に行こうという気持ちになります。

みなさんも「家電はヨドバシ」「飛行機はＡＮＡ」等と、購入する店舗を決めていて、そこのポイントを貯めているのではないでしょうか。あちこちで商品を買うとポイントが分散してしまいますが、ここで買うと決めておけば、それだけどんどん貯まることになります。

店舗を運営する企業側は、ポイントによってお客さまを他の企業に渡さない、言い方は良くありませんが、囲い込もうという意図があるのです。

私たちは、お客さまを囲い込むというのではなく、お客さまに利益を分配していくという意図を持っています。そのためには、お客さまによって、口コミで宣伝をしていただこうという目的を持っています。

広告代理店にお金を払う代わりに、広告よりも、もっと効率の良い口コミを活用したい。そして、広告費として支払うはずだった予算を、口コミに協力していただいたお客さまにお渡ししたいと考えているのです。

広告代理店のようなビジネスが古いモデルになっていく過渡期に私たちはいるのかもしれません。広告代理店は、テレビや新聞といった既存のメディアを使って、広告を打ってきました。今は、店舗がプラットフォームという自分たちのメディアを使って、広告よりももっと効果的な口コミを広げることができるようになりつつあるのです。

時代が変わりつつあります。だからこそ、進化が必要とされるのです。

このプラットフォームが、ある意味でメディアになっているといえるのです。

サロンは最高の情報交換の場

私が、美容業界と口コミについて考え始めたのは、ずいぶん昔になります。自分がエステサロンを経営していた時に、サロンというのは、コミュニティの現場であると気づいたのです。

「床屋談義」という言葉があるように、床屋や美容室というのは昔から情報交換、人と人との交流の場でした。髪を切ったり、パーマをかけてもらったりするにはそれなりの時間がかかりますから、その間にいろんな話をします。そこには、情報が集まってくるのです。そこで得た情報をお客さまがよそで発信することもあります。サロンは情報の集積所であり、発信地でもあったのです。

このような、情報の交換ができる時間が流れるビジネスはそうそうありません。

例えば、ラーメンを食べに行って店主とお客さまが話し込むことなんてできません。スーパーだって、ひとりのお客さまにレジでそんなに時間をかけていたら、店長に怒られてしまうでしょう。

カーディーラーだったら話す時間はあるかもしれませんが、車は年に何度も買いません。バーや酒場等ではいろいろと話すことがあるかもしれませんが、その時に集まっているお客さまの質にもよることでしょう。

その点、美容室は、ある程度の時間が必要で、その間、お客さまは基本的に他のことはできません。エステサロンもネイルサロンもマッサージも同様です。施術の間は話ぐらいしかできないのです。しかも、お客さまのほとんどは、美に関心のある人たちで、共通の話題に事欠きません。

言ってみれば「最適な情報交換の場」であるわけです。ここで生まれるコミュニティがメディアに成長したらどうなるだろうか？　私は今、それをプラットフォームで成熟させようとしているのです。

コンシェルジュがビジネスに

保険販売を代行するビジネスをご存知でしょうか？　保険の見直しの相談をすると、今の保険を続けた方が良いとか、他の保険に乗り換えた方が良い等、いろいろとアドバイスしてくれます。

保険販売代行ビジネスのスタッフは、いろいろな保険会社の商品知識がありますから、その人にぴったりの保険を選んでくれるというわけです。

ですから、保険販売代行ビジネスのスタッフは営業マンというより、「コンシェルジュ」に近い役割だといえるでしょう。

コンシェルジュの語源はフランス語で、元々の意味は「集合住宅の管理人」ですが、そこから転じて今では「総合的なガイド役の人」を意味する言葉となりました。

これまで、メーカーやお店は、お客さまには自分たちの商品だけを使って欲しいから、いかにお客さまを囲い込むかということを考えてきました。しかし、それができる時代ではもうありません。お客さまはメーカーのブランド力よりも、本当に良いもの、自分に合ったものを使いたいと考えるようになっているからです。そこで、第三者的な人が客観的な観点からその人に合ったものを選んでくれるビジネスが生まれたのです。

サロンスタッフもコンシェルジュ的要素が必要

美容室やエステサロンのスタッフも、施術によって技術を提供する職人でありながら、さまざまな商品を紹介するコンシェルジュであることが求められる時代になっています。

そうでなければならない時代背景がすでに生まれています。

というのも、今日では、私たちが得る情報量は日に日に増大しています。ニュースを見ても動画を見ても、ゲームをしていても、テレビを見ていても、なんらかの情報が飛び込んできます。自分が欲しいものをネット検索しようとしても、他にも良さそうな商品がどんどんレコメンドされてきます。結果、思ってもみないものを買ってしまったという経験は、みなさんあるのではないでしょうか。

「人がものを選ぶ時は、せいぜい３、４つの中から選ぶ方が満足度は高い」という心理学の実験結果が報告されています。２つのうちからどちらかを選ばなければならない場合は、とても選んだ気にはなれません。反対に20も30もある選択肢の中から選ぶのは面倒です。「こんなに種類があるのなら、他にもっと良いものがあるのではないか」と考えて、何を選んだとしても満足度が低くなるのです。

ニトリが成功したのは、布団でも壁掛け時計でも、あまり選択肢が多くないからだといわれています。あらかじめ厳選された商品を提示してくれているので、その中から消費者は選ぶことができ、満足感が高くなるのです。

Amazonや楽天でレビューが重視されているのも、数が多すぎて選びにくくなったものを助ける要素として「他人の評価」という軸が加えられているからです。

売りたいものの説明を長々されてもうんざりしてしまいますが、売りたいものを「これ良いよね」と勧めてくれる人がいれば、それだけ効果は上がります。そういった、十分に商品を理解していて、「良いよね」と商品を勧めてくれる人がコンシェルジュとなっていきます。

コンシェルジュは営業マンではなく、あくまでも案内人です。情報提供者という位置づけであり、サロンのスタッフがコンシェルジュの役割をはたすことによって、お店の信頼度は高まるのです。それは、実際の店舗でもそうですし、プラットフォーム上でなら、ますますお客さまには便利だなと感じていただけるでしょう。

「奪い合う」ことから「与え合う」ことへシフトする

私たちが展開するプラットフォームは時代の変化を捉え、さまざまな課題を克服するために工夫を重ねてきました。それらの工夫の根底にあるのは「与え合う」という理念です。

資本主義社会が貧富の差を生み、社会が不安定になっている昨今、ステークホルダー資本主義のように、資本家以外の関係者も重視するような経済の仕組みが提唱されています。

時代は明らかに、競争社会・蹴落とす社会ではなく、与え合い・助け合い・共存する社会へ転換しています。

これは考えてみれば、必然だったように思います。なぜなら働く人が潤わなければ社会全体が豊かにならないからです。働く人は必ずどこかで誰かのお客さまになるので、使えるお金が増えていかないと、商品やサービスを買うことができません。

奪い合うのは単純に競争すれば良いだけですが、与え合うというのは意外と難しいものです。与え合う時の分配の仕方が公平でなければ、「正直者がバカを見る」となって人々の支持を得られないからです。

しかし、その問題は、テクノロジーの進化で解決できるようになることでしょう。デジタルのプラットフォームにアルゴリズム（計算式）を組み込んでおけば、公平に分配することが可能な時代が来つつあるのです。

時代は「奪い合い」から「与え合い」です。

次の第3章では、プラットフォームビジネスについて、私たちの開発したDADAアプリを例にして紹介していきます。

第3章

あなたにもできるプラットフォーム！

DADAアプリの最新情報は、P172のQRコードからご確認ください。

プラットフォームの大きなメリット

ここまで本書を読み進めて、「プラットフォームビジネスが大事なことはわかったけれど、自分でやるのは大変そうだ」と思ったのではないでしょうか。「何から手を付けて良いのかわからない」という疑問もあるかと思います。たしかに、自らITの技術を学んでプラットフォームを構築することは、「パイプライン」を造るのに似て、大変なことに違いありません。

しかし、プラットフォームそのものを運営するのではなく、その一翼を担うことは誰もができることです。「パイプライン」はすでにあるものを活用し、その「パイプラインの構造物」を一緒に造っていけば良いのです。

美容業界には、これまで述べてきたようなさまざまな課題があります。近年は多くの企業がそれらの課題を解決するためのプラットフォーム作りに邁進してきました。例えばフリーランス美容師とその顧客向けに開発されたアプリや、技術共有・情報共有・オフ会・人脈形成・プロダクト開発・イベント開催・さらには資金調達まで、同じ夢や目標を持った仲間と学び、つながることのできるようなプラットフォームが各種生み出されており、小さなサロンでもこれらを活用する選択肢はだんだん増えてきています。

美容業界は人と対面で接してこそ成り立つものですから、長らくデジタル化には向いていない業態だといわれていましたが、やりようによってはデジタル化できる部分があります。今では右記のようなサービスが少しずつ登場していますが、私たちのプラットフォームはその先駆けで、２０１７年にＤＡＤＡアプリを開発した際は、業界初として周囲を驚かせました。なお、2019年1月にはDADAの仕組みはビジネスモデル特許を取得しています。

私たちは、これからの時代に必要な後方支援部隊だと、自分たちのことを認識しています。戦略でいうならば、兵站です。兵站とは、戦場では後方に位置して、前線で戦う部隊に武器や食料、情報等を供給する部隊です。

戦略ではこの兵站はもっとも重要な部隊であり、勝利するにはこの兵站を叩くことがセオリーとさえいわれています。武器や食料、情報がなければ、前線の部隊はただ手持ちの物資や情報で戦うしかないからです。みなさんが効率的に戦うためのあらゆる支援を、私たちは提供したいのです。

こうした後方支援は顧客、サロン、メーカーそれぞれにメリットをもたらします。大げさに言えば、誰かが得をした分、誰かが損をするという資本主義経済のあり方の斜め上を行くような、理想の社会を実現する可能性を秘めている気がしているのです。

例えば私たちが開発したＤＡＤＡアプリというプラットフォームは、スマホにインストールすることで、Ａｍａｚｏｎや楽天市場等のような、独自のＥＣサイトにつながります。サロンのスタッフやそのお客さまがアプリをインストールしておくと、さまざまな特典を得られる仕組みになるよう工夫してあります。

具体的な内容について、順に説明していきます。

サロンユーザーの場合：始め方と４つのメリット

まずサロンのお客さまがＤＡＤＡアプリを利用する場合、アプリをスマホにインストールしていただき、全国に530店舗（2021年7月時点）あるDADA導入店サロンを訪れていただきます。

お店に行って技術提供を受けた後、そのお店のQRコードを読み取ると、ロックが解除されてアプリ内でさまざまな商品を購入できるようになります。

お店のQRコードを読み取ることによって、お客さまの属性のところに、例えば「A美容室顧客」という情報が紐づけされることになります。

ロックを解除する方法はもうひとつあります。お店のスタッフとサロンの外で個人的に知り合った時などに、その人の個人のQRコードを使うことができます。QRコードには「サロンのもの」と「個人のもの」があるのです。

例えば、学生時代の友人がサロンに勤めている場合、久しぶりに食事に行った先で、個人のQRコードを読み取るということが可能なのです。

ロックを解除し、お客さまが自分の個人情報を登録すると、サイト上で使えるポイントがもらえます。ポイントはその瞬間から自由に使えるようになります。そして商品を買うごとに購入代金に対して一定のポイントで還元されます。
お客さまには値引きをするのではなく、特典としてポイントで還元をするのです。そのメリットは、前述した通りなので、次回来店のモチベーションとなります。
「○%引きですよ」というのと、「○%をプラスしますよ」というのでは、効果が違ってくるのです。

サロンによっては、すでにポイント還元、あるいは値引きを行っていますが、私たちの還元率はそれらと比べても結構大きな割合だと考えています。なぜなら、ポイントはただお得なだけではなく、次の購入につながることを理解しているからです。このポイントは、ＤＡＤＡから付与するものなので、サロンが負担するわけではありません。

このポイントを貯めると、アプリ内での購入に充てられるだけでなく、ＤＡＤＡを導入している店舗（ストア）での支払いにも使えます。髪を切ったり、エステを受けたりした際に、アプリで貯めたポイントで支払うことができるのです。

また、アプリには現金をチャージすることができ、その時にもポイントが加算されます。

サロンユーザーの4つのメリット

●スマホにDADAアプリをインストールし、サロンか個人のQRコードを読み込み、個人情報を登録することでネットショッピングができる
●商品の購入代金が一定の割合でポイント還元される
●貯めたポイントはDADA登録店舗（ストア）での支払いに使える
●現金チャージするごとにポイントが加算される

お客さま（サロンユーザー）が得たポイントが、ＤＡＤＡ登録店舗の電子マネーとして使えるようになっているのは、お客さまに来店していただくきっかけを作るためです。

美容業界で働く人たちは、自分たちの持っている技術や知識を使って人をきれいにしたい。そのきれいになっていただいたお客さまの笑顔に触れたいという純粋な気持ちを持っていると、私たちは思っています。そこで、物販ももちろん大事ですが、まずはサロンとお客さまを対面によってつなぐことを考えたのです。

現金よりはポイントの方が心理的に使いやすい面がありますから、サロンでちょっと高いメニューを試してみようかな、ということがあり得ます。お客さまにそんな気持ちになってもらうような仕組みを私たちは考えました。

サロンの場合：始め方と5つのメリット

次にサロンの側から見ていきましょう。

サロンがDADAプラットフォームに参画するには2つの方法があります。ひとつは「サロン契約」で、もうひとつは「ストア契約」です。

サロン契約は、お客さまがアプリ内で商品を買うたびに、お店やスタッフに還元されるようになっている仕組みです。

ストア契約は、シンプルにポイントが使えるようになっているという契約です。

サロン契約をすると、お店のＱＲコードと、そこに勤めるスタッフの個人のＱＲコードが配布されます。サロンに来てくださったお客さまにはお店のＱＲコードを、スタッフが個人的に知り合ったお客さまには個人のＱＲコードを提示して、読み取ってもらいます。

すると、お客さまが商品を購入するたびに、サロンのＱＲコードを読み取った場合はサロンに、個人のＱＲコードを読み取った場合は個人に、ポイントが還元されるようになっています。

この時は、自分たちのお店で紹介した商品だけでなく、他のどんな商品でも、アプリで購入した時には、お店やスタッフに還元されます。いわば、アフィリエイト収入のようなものです。

このプラットフォームを使えば、スタッフ個人のＱＲコードを用いて、お店の外でもお客さまと関係を築くことができます。

例えば、エステサロンに勤めているスタッフＡさんが、休みの日に、高校時代の友人であるBさんと会いました。その時、Bさんから「じつは最近、肌が荒れ気味なのよ」という悩みを相談され、「それならうちの化粧品を使ってみたら」と、Aさんはお店の商品を紹介しました――こんなことがよくあると思います。

ところが、この業界では、お店に行かないと商品を買うことができないというのがひとつの商習慣になっているため、「じゃあ今度うちのお店においでよ」ということになります。しかし、Bさんの家がお店から遠かったりすると、ついつい「面倒だな」とか「気が変わった」となってしまいがちです。

「お勧めだよ」「そうなの？　良いね」となったその瞬間の営業機会を失わないためにも、「だったら、アプリで買えるから1回使ってみたら？」と言えるのは効果的です。

「ダウンロードしたよ、あれ？　でも使えないよ？」

「ちょっと待っててね、今はロックがかかっているから、私が解除してあげるね」

そう言って、AさんのQRコードを読み取ってもらえれば、BさんはAさんの顧客としてプラットフォームに認識されるようになります。

そして、Ａさんが勤めるサロンにＢさんが訪れた時は、サロン側は「ＢさんはＡさんの顧客である」とあらかじめわかっているので「いらっしゃいませ、Ａのお客さまですね」とお迎えすることができるのです。

スタッフに還元ができる、モチベーションが上がる

お客さまがアプリで買い物をした場合は、利益はサロンに入ります。スタッフが個人的につながったお客さまが買い物をした場合でも、その利益はサロンに入ります。

また、利益の一部分は、スタッフにはポイントという形で還元するという仕組みになっています。

先程の例でいうと、高校時代の友人Ｂさんがアプリで商品を買った時は、Ａさん

ポイント還元の仕組み

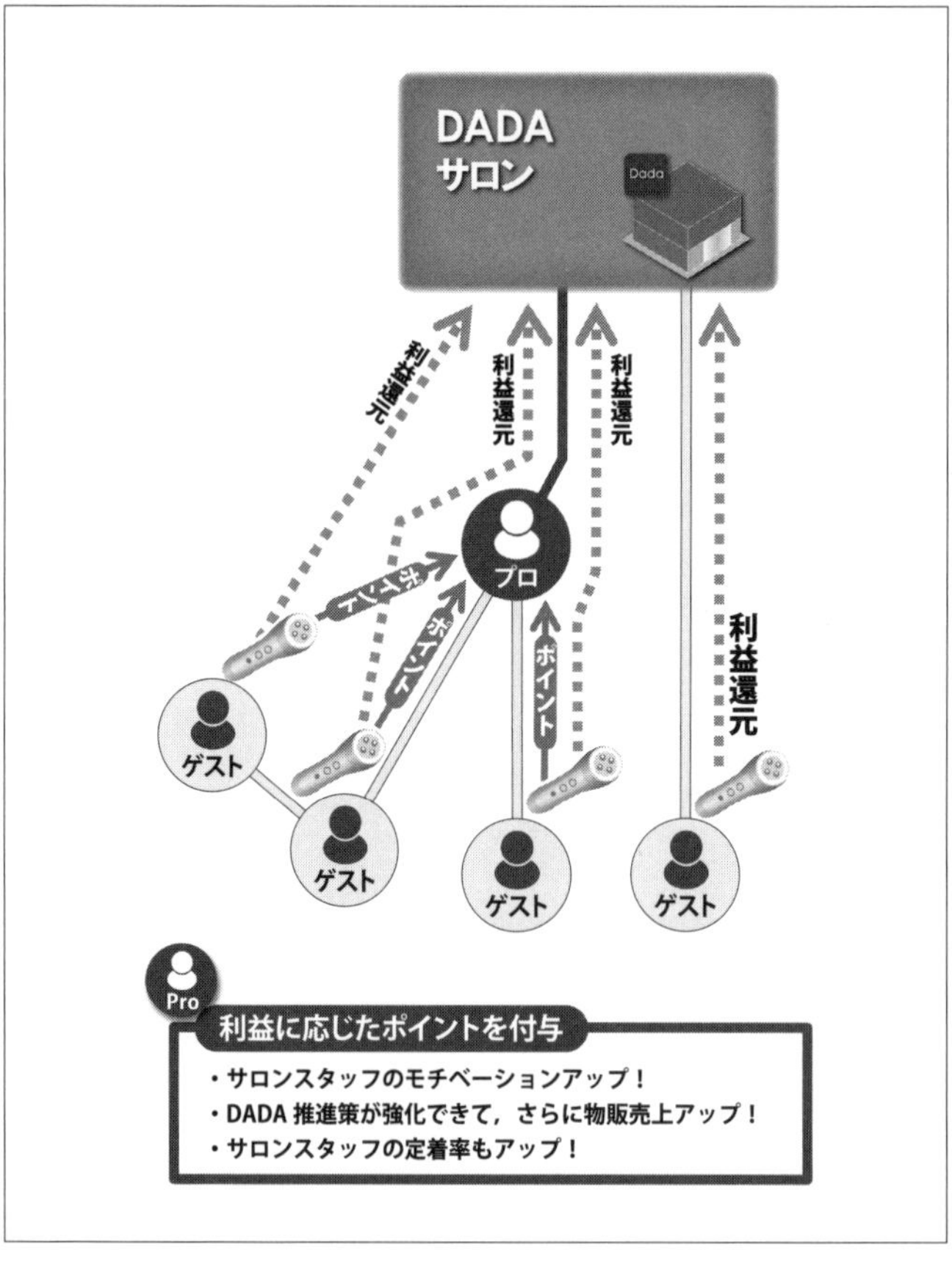
DADA
サロン
Dada
利益還元
利益還元
利益還元
利益還元
プロ
ポイント
ポイント
ポイント
ゲスト
ゲスト
ゲスト
ゲスト
Pro
利益に応じたポイントを付与
・サロンスタッフのモチベーションアップ！
・DADA 推進策が強化できて，さらに物販売上アップ！
・サロンスタッフの定着率もアップ！

のサロンの売上になりますが、Ａさんにはポイントが入ってくるのです。

今までは、個人的にお客さまをサロンに紹介しても、お店へ貢献したという評価に止まりましたが、これからは「使えるポイント」が貯まっていくことになります。

また、副業を行うとなると、通常は違う分野で働くことになるので、それだけ休みの時間を割かなければならないなどのハードルがありました。しかし、プラットフォームなら、本業を一生懸命に行なう（お客さまを呼び込む）ことが、そのままポイントという副収入につながることになるのです。

手持ちの顧客リストが活かせる

サロンのお客さまが増えていけばいく程、通常は売上が増えていきます。経営も楽になるはずです。しかし、いくら大勢のお客さまがいても、それが潜在的なまま眠ってしまっていては、収入は増えてはいきません。

私たちの社員が美容商品の営業をした時に、こんな話を聞きました。

奈良県にある、30年程経営を続けているエステサロンを訪れた際に、これまでの顧客情報がどれだけあるかを聞いたそうです。すると、なんと3万件あるとのことでした。しかし、実際に来店しているお客さまの数を聞くと、300人程しかいないというのです。残りの2万9700人のリストは活かせていないそうなのです。

顧客情報は紙のカルテで管理していて、ほとんどが倉庫の段ボールの中に眠っているとのことでした。こんなにもったいない話はありません。

これが、私たちのアプリでつながっていたなら、大きな財産になったはずです。たとえ来店されなくても、シャンプーやボディソープ、化粧品、健康志向の方ならサプリ等を購入していただくチャンスが生まれます。

これが、毎月収入として入ってくれれば、安心して経営ができます。このサロンのオーナーさんは、「昔は好調な時代もあったけれど、だんだんお客さまが減ってきてきてしまった。今になって未来を悲観するような苦しい思いをするとは想像もしなかった。でも、辞めると収入がなくなるから、ずっと経営している」と言うのです。こうしたオーナーさんは意外と多いのではないでしょうか。

かつてのお客さまは、「昔使っていたシャンプーは良かったけど、お店に行くのは億劫だし、近所では商品が見つからない」と思っているかもしれません。お店に行くのが億劫な時こそ、お店とつながるプラットフォームの出番なのです。

３万人近いリストは、お店の宝物であり、オーナーさんのこれまでの努力の結晶です。これを眠ったままにしておくのは、もったいないことではないでしょうか。

余計な商品棚が不要になる

サロン、もしくはスタッフのＱＲコードで紐づけられたお客さまが買い物をすると、私たちに購入データが転送されてきます。そこで決済を完了し、決済済み顧客情報をメーカーにクラウド上で提供すると、その情報に基づいてメーカーは直接、商品を購入者に配送するという仕組みになっています。

これまでは、商品はサロンがメーカーから仕入れて、在庫としてバックヤードにストックしておいてお客さまに提供していました。バックヤードには商品が山と積まれて場所をとり、中にはなかなか売れないものもありました。

しかし、メーカー直送になれば、店舗に在庫を持つことなく、お客さまも家にいながらにして商品を手にすることができます。

商品が直接メーカーから届けられることで、正規の流通ビジネス以外の商品が混ざり込む心配はなくなります。これは、美容業界では初めての試みです。

これまでメーカーが一般の消費者に商品を届けてこなかったのは、美容業界の店舗やスタッフが自分たちに代わって一生懸命に営業してくれていたからです。一生懸命やってくれているサロンだからこそ、ないがしろにできなかったのです。商品を直送してしまうと、サロンのオーナーさんから「うちが今まで売ってきたのに、そのお客さまを奪った」と非難を受けてしまいます。なぜなら、サロンにおける物品販売の割合はとても大きいからです。

プラットフォームを活用すれば、紹介してくれたサロンにも利益が還元される仕組みになっているので、メーカーも心置きなく直送をすることができます。

昨今、コロナ禍の影響によって、サロンの過剰在庫が問題になっています。

サロンがメーカーから商品を卸してもらう時に、一定の掛け率がありますが、サロンの利益が出なくなった時には、交渉してこの比率を安くしてもらうことが多々あります。交渉すると、例えば７掛けだったものが６掛けになることはよくあります。

ただし、その場合は、ロットを増やして納品数を多くしてくださいと指定してくるメーカーがあります。たくさん卸してもらっても、全部売れれば良いのですが、売れなければ当然赤字になります。お客さまは来ない、バックヤードには在庫の山という状況は、精神的にとても辛いことだと思いやられます。コロナ禍のような不

メーカー直送の仕組み

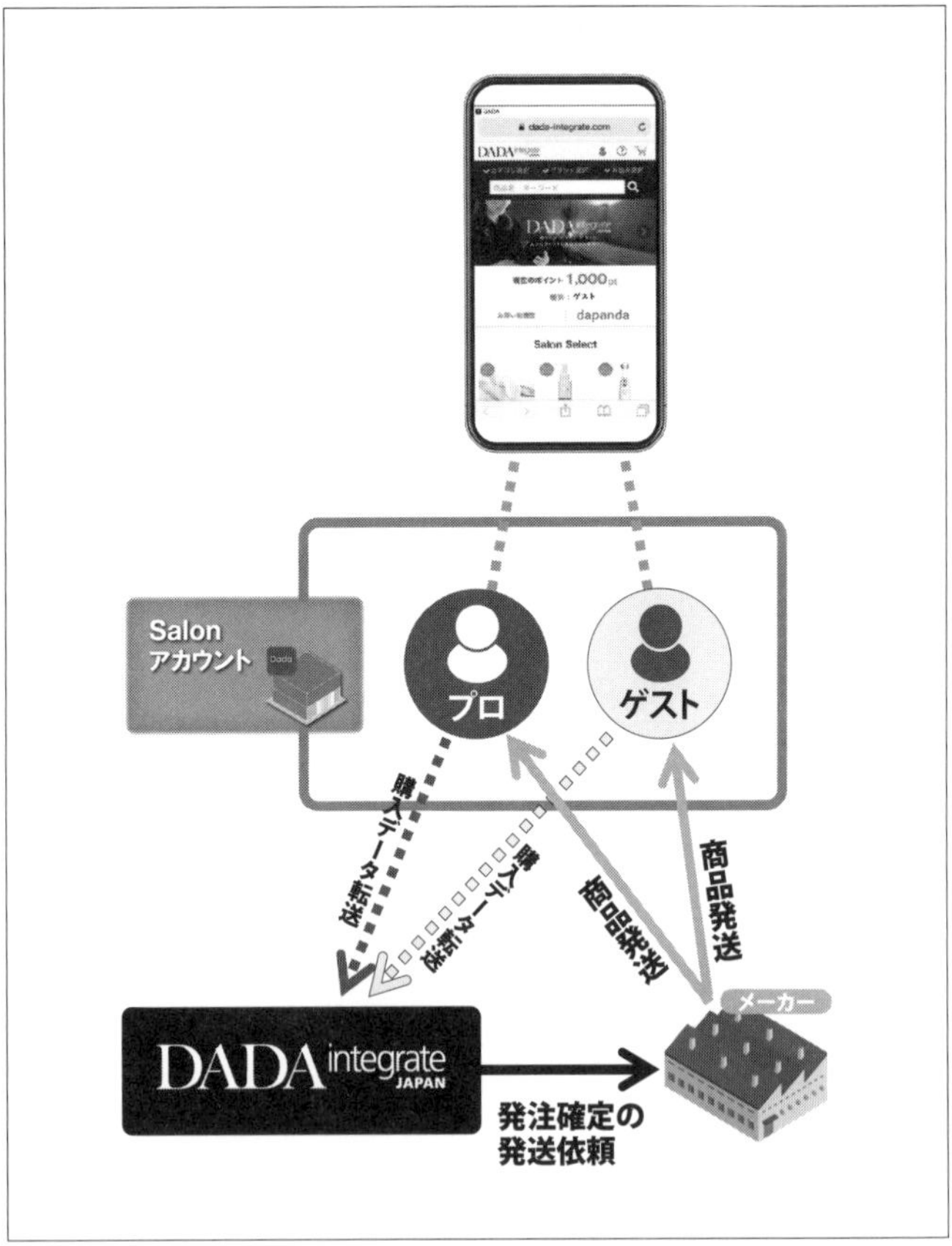
dada-integrate.com
1,000pt
dapanda
Salon Select
Salon
アカウント
プロ
ゲスト
購入データ転送
購入データ転送
商品発送
商品発送
メーカー
DADA integrate
JAPAN
発注確定の
発送依頼

測の事態に陥った時のことを考えても、メーカー直送にはメリットがあるのです。

ロングテールカットをあきらめない

商品棚が不要になることで、「ロングテールカット」を防ぐことにもなります。

美容業界にとって、ロングテールカットは見過ごせない問題です。

ロングテールカットとは、「長いしっぽが切れる」という意味です。ロングテールというのは、縦軸に流通量、横軸に一商品の売上を取った時に、個々の商品がどの位置に分布するかを示した表において、「長いしっぽ」のように見える部分のことをいいます。


サロン経営においては、このロングテールの部分をカットしなければなりません。店舗の面積が限られている以上、低リピート商品は切り捨てて、高リピート商品を置かざるを得ないからです。

低リピート商品とはいえ、かつては売れた商品です。この商品を今でも愛用してくださるお客さまもいます。ロングテールカットは、いわば育ててきた売上を捨てる行為なのです。一度育てた売上を捨てるわけがないと言う経営者は多いのですが、じつはロングテールカットは99％の店が行っているのが現実です。

売り場面積の関係上、必然的にリピート率の高い人気商品が棚に並びます。いわゆる「スタメン」です。低リピート率の商品は棚から下ろされて「補欠」扱いになり、やがて「クビ」にされます。

ところが、低リピート率の商品でも全く売れないわけではなく、年に1、2個売れることがあるのです。それがいくつもあった場合、どうなるでしょうか。塵も積もれば山となるのですから、バカにできない売上になるのです。経営期間が長くなればなる程、この部分の売上は大きくなります。

ロングテールカット

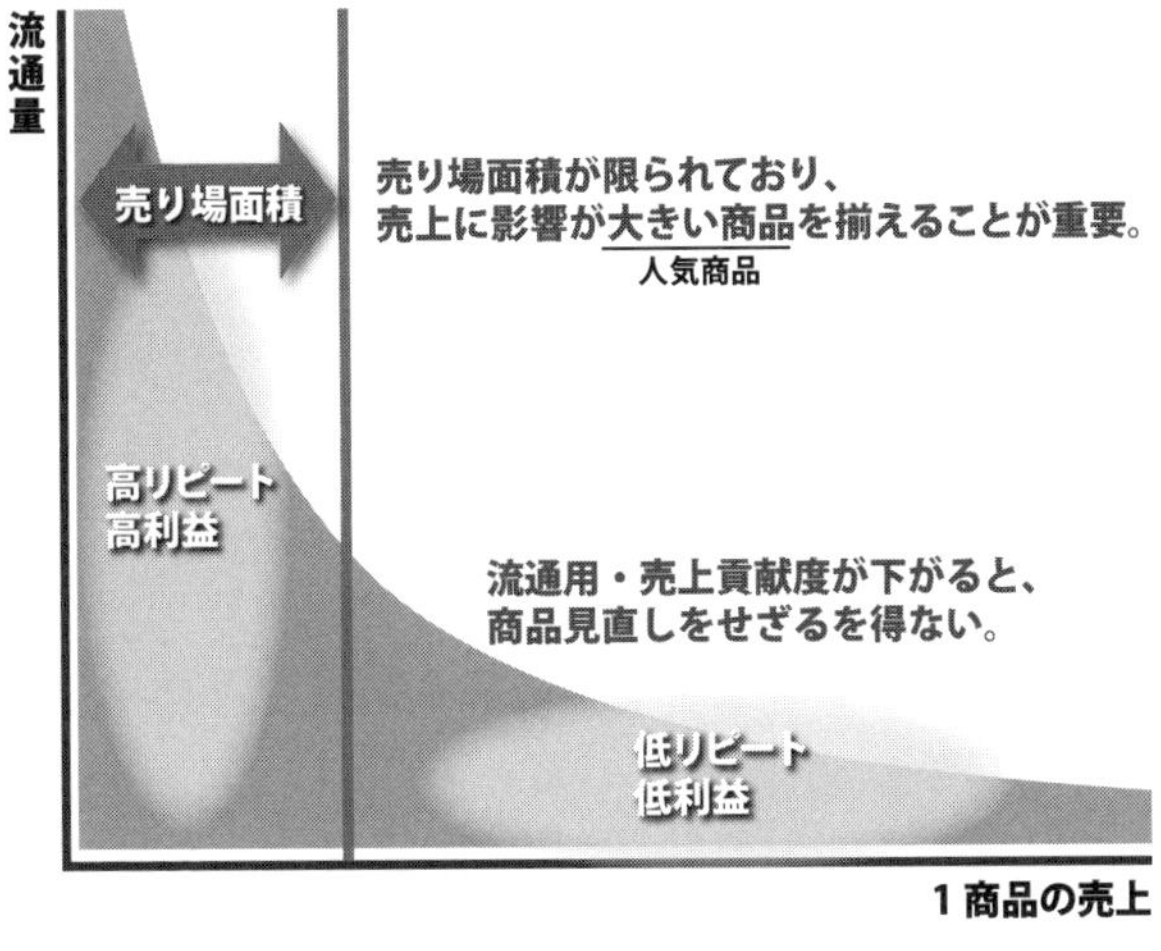
流通量
売り場面積
売り場面積が限られており、
売上に影響が大きい商品を揃えることが重要。
人気商品
高リピート
高利益
流通用・売上貢献度が下がると、
商品見直しをせざるを得ない。
低リピート
低利益
１商品の売上

これが、メーカー直送だとたちまち解決できることになります。なぜなら、ネット上の売り場面積は無限に拡張できるからです。メーカーは広大な敷地に造られた倉庫から直接、お客さまのもとに商品を届けます。

しかし、それだとこれまで商品を育ててきたサロンは売上に全く関与できません。また、メーカーもサロンのことを考えて、直送することを避けてきたのは前述の通りです。商品はあるのに、お客さまは手に入れることができないという、「三方損」の状況だったのです。そこを改善するのがプラットフォームの仕組み（「メーカーの場合」で後述）なのです。

スタッフが社割で商品を購入できる

スタッフがお客さまにお勧めしている商品の中には、シャンプー、トリートメント等でも、５０００円を越える商品や１万円以上する商品もあります。オーナーからは「自分で使ってみないとお客さまに提案できないよ」と言われて購入し使っているスタッフはたくさんいます。オーナーも余裕がないから現物支給することもできないし、メーカーも試供品を全スタッフに配ることはできません。

そこで、私たちは、スタッフが自分で得たポイントを使って、普段使う商品を社販で買える仕組みをプラットフォームに組み込みました。ＤＡＤＡに加盟するサロンのスタッフは、アプリで販売している商品を一定の社割で購入することができます。

お客さまの場合は、商品購入に対してポイントが還元されますが、スタッフの場合は社割購入にして区別しています。これは、次回に使えるポイントという考え方を当てはめるのではなく、自分が販売する商品に誇りを持ってもらえるようにという意味も含めて、業界人としての特権を付与しようと考えたからです。

サロンの5つのメリット

● サロンとスタッフは、QRコードで紐づけされたお客さまがアプリ内で商品を購入するごとに報酬を得ることができる

● サロンは長く続けてきた顧客データが活かせる

● 余計な商品棚が不要になり、さまざまな商品を提案することができる

● 回転率の低い商品を切り捨てる必要がなくなる（ロングテールカットが不要）

● スタッフは社割制度を活用してアプリ内の商品を社販価格で購入できる

ここまで手厚い仕組みになっているのは、すでにこれまで述べたように、私自身が長年現場を見てきて、今のあり方に疑問を持ったからです。

やる気があって技術もあり、長時間労働しているにも関わらず、実入りがあまりにも少ないサロンスタッフの現状を、なんとかしたいという想いが私にはあります。「この人たちこそが報われなければ」という想いを元に、プラットフォームとそれに伴う制度を設計しました。

サロンの経営者も、そこで働くスタッフも、労働時間を切り売りするだけでなく、ある種の「権利」を得て、正当な報酬を手に入れて欲しいのです。

メーカーの場合：始め方と4つのメリット

化粧品や健康食品のメーカーはDADAと「メーカー契約」を取り交わすことで、アプリに商品情報が掲載されます。お客さまからいただいた注文（購入）情報を、私たちの運営会社から受け取り、商品を直接お客さまにお送りします。決済は運営会社で行われていますから、後は購入代金を受け取るだけです。

メーカーの利益は、送料を含めてもサロンに卸した場合とさほど変わらない設定になっています。

メーカーは通常、サロンには卸価格で商品を販売します。この卸価格は当然ながら、店頭価格より低く提供しています。そのため、売上を大きくするには、サロンに多くの商品を仕入れてもらう必要があります。

メーカーは、これまで一般消費者には直販しないという商習慣がありましたから、サロンに商品を卸すという業態＝ＢtoＢ（Business to Business）でした。メーカーは、サロンが購入してくれればそこでビジネスとしては完結していたのです。

ところが、サロンが店頭で売り切れなかった場合、在庫がサロンのストックヤードに積み上がっていくという現実があります。すると、サロンオーナーの中には、売上を作るために安売りをせざるを得ないという考えが生まれてしまいます。これは、メーカーとしてはブランド価値が下がることになり、不利益を被る可能性があります。

プラットフォームによって、メーカーからの直送となった場合は、在庫がネット転売されるようなことも少なくなり、値崩れやブランド価値の毀損も心配がありません。

また、前述したように、サロンやスタッフは、手持ちのもの以外にもさまざまな商品をお客さまに紹介できるようになるので、マーケットが広がる可能性がありま す。もちろん、前述の「ロングテール商品の問題」に効果を発揮します。

エンドユーザーとつながることができる

サロンに来店されて、自社商品を買ってくださるお客さまの情報は、かつてはメーカーとサロンとで共有されてきましたが、今はほとんど行われなくなっているようです。メーカーにとっては、B to B事業で完結してしまっている状況といえるでしょう。

ここに、プラットフォームが介在することで、メーカーはエンドユーザーと直接やりとりをする機会を得ることができます。メーカーにとっては、サロンを通さずに、ダイレクトにお客さまの声を聞くことができるようになるため、商品開発はもとより、販売促進にも大いに活用できることでしょう。

他社メーカーの商品が購入された場合も利益が得られる

メーカーの場合も、サロンと同様に、会社と個人の2つのQRコードが配布されます。会社の商談でつながった人や、個人的に知り合った人にアプリを紹介すると、その紹介した人が他社商品を購入した場合でも、自分たちに利益が生じるという仕組みです。

例えば、Aメーカーの人が、アプリにお客さまを紹介します。お客さまは最初に

Ａメーカーの商品を購入しましたが、次はＢメーカーの商品を購入しました。この時、他社であるＢメーカーの商品が買われたとしても、Ａメーカーの利益が発生するのです。

「最初にお客さまを紹介してくれたのはＡメーカーさんだ」と、プラットフォームは認識しています。従って、お客さまを紹介してくれた人には、当然、利益が付与されるべきだと、私たちは考えているからです。

これまでは、ＡメーカーとＢメーカーが存在すれば、顧客を奪い合ってきました。奪われた方の売上はゼロになってしまうので、なんとしても勝たなければならなかったのです。しかし、このプラットフォームの仕組みならば、お客さまが他社の商品を購入されても、売上がゼロにはなりません。Ｂメーカーにとっては、Ａメーカーがお客さまにアプリを紹介しなければ売上はゼロだったわけですから、互いにとって良い話です。また、Ａメーカーに紹介されたお客さまも、Ｂメーカーの商品を購入するのになんの後ろめたさもありません。

メーカーの4つのメリット

- **マーケットの拡大により全国へ営業が広がる**
- **商品を直送することにより、ネット転売での値崩れ、ブランドの毀損を防げる**
- **エンドユーザーとつながることができ、商品開発や販促に活用することができる**
- **マーケットを構築することで、他メーカーの商品が売れた時にも利益を得られる**

ＥＣの隆盛によって、さまざまな業界では製造業者と小売業者の関係が崩れ始めています。それは、メーカーとサロンにも同様のことがいえそうです。製造業者と小売業者のどちらかだけが儲かる図式はあり得ないのです。製造業者と小売業者が、ともに時代に合わせて柔軟に対応し、ともに成長する構図になっている業界だけが、進化の時代を耐えて生き残っていけるのです。

商品を販売できるのはメーカーのみ

一般的にＡｍａｚｏｎや楽天市場等のＥＣサイトでは、販売代理店がいくつもあって、それぞれが同じ商品を扱うことができます。販売代理店は、ＥＣサイト上で価格競争をしてお客さまを呼び込んでいます。

ＥＣサイトは、商品が売れるたびに手数料を得られるので、消費者がどの販売代理店で買っても問題はありません。むしろ、販売代理店同士で価格競争してもらった方が良いのです。

しかし、私たちのプラットフォームでは、商品の販売はメーカーのみに限定しています。そこに販売代理店は介在しません。商品が安売り競争にさらされることは、私たちの本意ではないからです。大手のＥＣサイトのビジネスとは、コンセプトが違うのです。

消費者からすれば、販売代理店が競争をして安く商品を購入できることは利益には違いありません。しかし、そのような競争によって、業界全体が疲弊してしまうことは、回り回って消費者の不利益につながるのではないかと、私たちは考えているのです。

メーカーが正規の値段で販売できる状態になってこそ、メーカーとサロンは共存ができて、消費者も潤うことになるのではないでしょうか。

人と人とのつながりが価値を生む

今の時代は情報が価値を生みます。TwitterやInstagram等のSNSは、一見無料のように思えますが、インフルエンサーのフォロワーは大きなネットワークとなって、影響力を発揮しています。YouTubeでいえば、動画の価値＝動画の視聴時間に対して広告費がGoogleから支払われています。DADAのプラットフォームもそれと似ています。自分の本業を通じてフォロワーをたくさん作り、フォロワーがマーケットを創出することで報酬を得ることができるようになっています。

アプリから自分のマーケット（フォロワー）がどれだけの人数になったかは見える化されます。フォロワー数が１００人になり、１０００人になり……と増えていきます。

このような仕組みはアナログの世界では実現できませんでした。しかし、今はデジタルのシステムの中にそうしたアルゴリズムを組み込んだプログラムを構築すれば、コンピュータが自動的に瞬時に判断して計算してくれるので、可能になってきたのです。

ＤＡＤＡアプリには、お客さまがお客さまを紹介できる機能がついています。サロンのスタッフであるＥさんからアプリを紹介された人＝Ｆさんには、個人のＱＲコードが提供されます。Ｆさんがまた別の人＝Ｇさんにアプリに紹介する時には、ＦさんのＱＲコードでロックを解除することになります。

GさんがFさんのQRコードを読み取ると、このGさんはスタッフEさんの顧客として登録されます。Gさんは、Eさんとは面識がなかったとしても、Eさんの顧客として扱われるのです。

この時、Gさんがアプリで何か商品を購入したとしても、Fさんに報酬が入るという仕組みにはなっていません。

コミュニティという目に見えない資産を作る

現在、不安定な環境におかれているサロン経営者や従業員にとって、「老後に向けた資産形成が必要」――このことは誰もが理解していると思います。

ここでいう「資産」とはどんなものを指すのでしょうか。資産には有形のものと無形のものとがあります。

有形のものとは、土地建物等の不動産、現金や株券等の有価証券です。一方で無形のものとは、例えば友人とか健康などです。お金や株、不動産をいくら持っていても、友人がいなければ寂しい人生ですし、健康でなければやりたいこともできません。だからこそ、人はそこにお金をかけるのです。

「友人の質と量によって人生の充実度が決まる」といわれているくらい、友人関係は大切です。現役の時から、人間関係を広げておくことがリタイア後の人生を楽しむ秘訣なのかもしれません。

人間関係を構築する時に、必要なのはコミュニティです。リタイア後もずっと続く人間関係を作っておくことです。

その点で、ＤＡＤＡのアプリは自分の人間関係のつながりが目に見える形でわかります。お金のやりとりをすると人間関係にヒビが入ることが少なからずありますが、アプリの場合はポイントです。

自分とつながっている人たちが消費したものが自分にポイントとして入ってくるので、その人への感謝が生まれますし、その人たちから受けた恩をお返ししたいと思うので、いつまでもその人たちとの良好な人間関係が続くことになります。

プラットフォームを通じて、生涯続いていくコミュニティを作っていけば、精神的な豊かさを得ることもできるのです。

お客さまとの関わり方が「販売」から「関係づくり」に変化している

今の時代、「お客さまとの関わり方が、『販売』から『関係づくり』に変化している」と強く感じています。だからこそ、私は、プラットフォームを活用してもらうことで、サロンとお客さまとの関係をより豊かなものにしたいと考えているのです。

その具体的な一例として、お客さまがアプリで何か商品を買った時には、サロンやスタッフに通知が行くようにシステムを設計をしました。デジタルプラットトフォーム上では、情報共有が容易にできるので、このようなことが可能になりました。

これは、私がエステサロンのオーナーをしていた時の経験が、発想のもとになっています。当時は、あるお客さまと顔を合わせた時に、そのお客さまが前はいつ来店されて、どんな商品を買ってくださったのかが把握できていなかったのです。

もし、当時でも素早い情報共有ができていたとしたら、「３週間ぶりのご来店ですね」とか「先日はこちらの商品をお買い上げですね、使用感はいかがですか」などといった会話ができて、具体的な感謝を伝えることができたはずなのです。

そうすると、お客さまはきっと「私のことをしっかりと覚えていてくれるな。大切にしてくれているんだな」と感じてくださったに違いありません。

サービス業はこうしたことがとても重要です。「あなたのことを大事に思っています」という態度こそが、本当のおもてなしの心なのです。

こういうサービスの心地よさは、みなさんも経験があるのではないでしょうか。

例えば、ちょっと良いホテルでは、3回程利用すると対応が変わってきます。「○○様」と名前で呼んでくれたり、「前回と同じものでよろしいでしょうか?」と聞いてくれたりします。

長年続いているホテル程、こうしたことに熱心です。なぜなら、リピーターが大切であることをよくわかっているからです。

何回も利用しているのに毎回初めてのような対応をされたら、自分は大事にされていないなと感じてしまいます。人間というのは、自分のことに無関心でいられることが一番辛いものです。愛情の反対語は無関心だともいいますが、その通りだと思います。

良い商品やサービスを販売するだけで終わらせるのではなく、良い商品やサービスの提供を通じて、それを「お客さまとの良い関係づくり」につなげることが大切だと思うのです。

販売だけで終わっていては、お客さまは「良い商品が買えて良かったな」というところに止まります。しかし、関係づくりまで構築できれば、きっと「ここで(この人から）買って良かった」「気持ち良く買い物ができた」という満足につながります。そうすることで、「またあそこで（あの人から）買いたい」という動機付けとなり、再度ご来店をしていただけることでしょう。

なによりも、「良い商品やサービスを提供できた」という販売側のうれしい気持ちと、「素敵な商品やサービスだった」という購入側のうれしい気持ちが、ぴったりと合う、幸せな瞬間がそこにはあると思います。だから私は、「お客さまとの関わり方が、『販売』から『関係づくり』に変化している」と感じているのです。

チップの文化をつくる

私たちのプラットフォームに参加すれば、人とのつながりを作れば作るだけ報酬を得られる仕組みになっています。そしてそれは、「チップの文化」を醸成していくことにもなると考えています。

近い将来、例えば「飲食店で代金を支払うと、アプリ上にスタッフの名前が表示される。料理が良ければシェフに、サービスが良ければホールスタッフに、チップをアプリ上で渡すことができるようにする」というビジネスモデルの展望を、私は持っています。

欧米のようなチップの文化は日本にはありませんが、今後、日本にも浸透していく可能性は十分あります。すでに、有名YouTuberのライブ配信時には「投げ銭」が普通に行われています。自分が「良いな」と感じたものにお金を払うことへのハードルは下がりつつあるのです。ですから、飲食店やその他のサービス業に対しても、「良いな」と感じた時にはチップを支払うことが日常になっていくのではないでしょうか。

現金では遠慮や躊躇してしまう行為でも、ポイントであればチップを渡すハードルは一段と下がります。「手持ちのポイントの有効期限が近いけれど、欲しいものが今はないな」というときなど、チップとして使えたなら気分も良いものです。

チップの文化は、先程述べた「お客さまとの関わり方が、『販売』から『関係づくり』に変化している」ことにつながります。チップという行為は、先程とは逆に、商品やサービスを提供された側（お客さま側）からの働きかけです。「良い商品やサービスをありがとう」という気持ちを、ポイントで表すことで、お店側に伝えていきます。お店は、きっとますますお客さまを大切にしようという想いを新たにして、さらにより良い商品やサービスを追求するでしょう。

チップの文化もまた、人と人との幸せな関係づくりに大いに寄与することになるのです。

スタッフが辞めた時のために

スタッフが退職した場合について最後に少し解説します。

スタッフが、結婚や出産、子育て、親の介護のためにやむなく辞めなければならないこともあるでしょう。その場合、「あなたが作ったお客さまのマーケットからの収益は継続的にあなたに入るようにしましょう」というふうに、退職後もビジネスを継続できる機能があります。

これが図の「プロモーションポイント権利」です。
スタッフの引退後の人生をより豊かにする環境を提供することができます。

その一方で、スタッフとの関係が強いお客さまは、担当が退職してしまうと、お客さまはそのお店から離れてしまうことも現実です。しかし、ＤＡＤＡアプリではご来店いただけなくなったお客さまがアプリをご利用いただいている限り、そのお客さまからの収益は途絶えることはありません。ですので、スタッフが在籍中にアプリを拡げたことによってできたマーケットはお店に積み上がり、大きなマーケットとして確保し続けることができます。

ＤＡＤＡは、自分の人生の大切な時間を使って作り上げた、マーケットから引退後もそのマーケットを価値とし、最大に生かし自分の人生をより豊かにできる新しいプラットフォームなのです。

プロモーションポイント権利

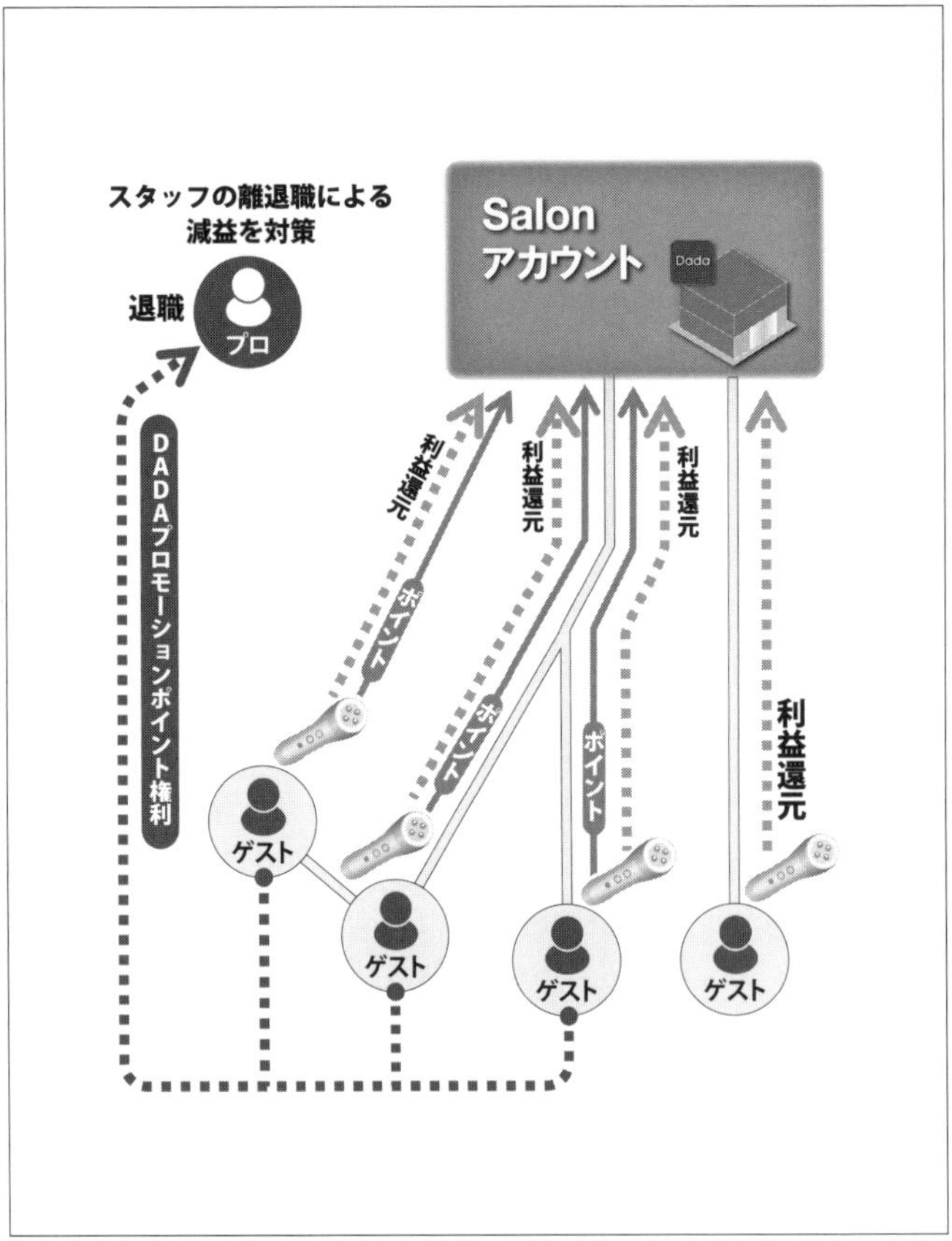

第4章

進化することで
未来は変わる

「人生100年時代」と「一億総活躍社会」

これから30年先、50年先の未来を見渡した時に、「長寿社会」や「超高齢化社会」は看過できないキーワードです。

そもそも「人生100年時代」という言葉は、いったいいつ生まれたのでしょうか？

明確に生まれたといえるのは2017年、当時の安倍晋三首相が内閣の中に「人生100年時代構想推進室」を設置した時でしょう。この推進室の設置をマスコミ向けに公表したことで、メディアで「人生100年時代」という言葉が共通認識を持って語られるようになりました。

当時の安倍首相の言うところの「人生１００年時代構想」については、首相官邸ホームページに基本理念が書かれています。
「一億総活躍社会実現、その本丸は人づくり。子供たちの誰もが経済事情にかかわらず夢に向かって頑張ることができる社会。いくつになっても学び直しができ、新しいことにチャレンジできる社会。人生１００年時代を見据えた経済社会の在り方を構想していきます。」(原文ママ)
要約すると「高齢になっても仕事があるようにしますよ。その時は、お金がないからスキルアップできないということのない社会にします。だからまだまだ働いて経済を回してくださいね」ということになるでしょうか。

「一億総活躍社会」という言葉も政府は使っています。その1億人というのは人口分布でいうと、０歳から20歳までの人を除いた数字です。ということは、20歳を超えてから１００歳近くになるまで、ほぼ現役という話になります。
ここで問題になるのが、本当に高齢になっても働けるのか、ということです。ありがたいことに日本の平均寿命は、ほぼ右肩上がりです。１９５０年代の平均寿命は男女ともに60歳代でしたが、２０１９年の日本人の平均寿命は男性が81・41歳、女性が87・45歳となりました。

国立社会保障・人口問題研究所の「日本の将来推計人口（平成29年推計）」によれば、平均寿命は２０６５年には男性84・95年、女性91・35年（死亡中位仮定）に達すると推計されています。

海外の研究によれば、「２００７年に日本で生まれた子供については、１０７歳まで生きる確率が50％もある」とのことです。（「人生１００年時代構想会議」資料より）

現在の20歳前後の人たちは、１００歳まで生きることを現実的に考えておかねばならないのかもしれません。

70歳定年がもうそこまで来ているかもしれない

１００歳になってまで働きたくないという人は多いと思いますが、仮に意欲はあったとしてもそもそも体が動くのかという問題があります。

かつては定年制度が始まった昭和初期（１９３０年代）は、55歳が定年の時期でした。１９８０年代には努力義務として60歳が示され、そして、２０００年代になって65歳まで雇用確保せよとの努力義務が課されるようになりました。

アニメ「サザエさん」に出てくる磯野波平さんはみなさんご存知だと思います。4コマ漫画として新聞に連載が始まったのが１９４６年で、波平さんは当時の定年間近の54歳という設定です。

時代とともに50代、60代の印象は大きく変わってきています。それは昔と比べて栄養状態が良いし、医療や美容の進化が寄与しているからといえます。

このままでは近い将来に「定年70歳」が実現する日が来るかもしれません。

長生きするのは良いことだけれども、その分、どうやって生活の糧を得ていくか切実な問題です。

手に職を持っている美容業界のこれから

美容業界も全く同じ課題があります。

美容室、エステサロンといった実店舗では、自分という価値を投資しています。技術を提供し、自分の時間も投資しています。技術を投資した分の対価は報酬として手にするけれど、それは働かなくなった時点でなくなってしまうものです。

退職金が支払われればいいのですが、ほとんどの店では、あまり手厚いとはいえないのが現実でしょう。

美容室でもエステサロンでも、技術を提供して得る報酬の他に、もうひとつの収入の道を作ることが大切です。高齢になれば、ますます立ち仕事が厳しくなるはずです。体が動かなくなって働けなくなっても、なんらかの収入を得られる道を作っておくことができれば、こんなに心強いことはありません。

その方法としては、例えば投資が考えられるでしょうし、不動産運用というのもあるでしょう。そして、本書で述べてきたようなプラットフォームビジネスもそのひとつといえます。

ＤＡＤＡのプラットフォームを活用していると、創出されたマーケットから報酬を得られる権利を持ったまま、退職することができます。

自分が紹介したお客さまのマーケットは、自分の権利として仕事をしなくなっても継続されるのです。いってみれば、出版業界や音楽業界の印税に近いものかもしれません。

プラットフォームがつなぐ地域コミュニティ

前述の「チップの文化を作る」でも触れましたが、近い将来、ＤＡＤＡｉｎｔｅｇｒａｔｅでは、飲食サービス専用のアプリを、現在の美容のものとは別の形として立ち上げようと考えています。プラットフォームの思想は共有しますが、使い方は大きく異なるものになるでしょう。

そしてこれを今後、旅行業界、ペット業界というふうに、どんどん拡充していこうと計画を立てています。

なぜ、このような構想を持つに至ったかというと、私は全てのサービス業の根底には、同じ哲学があると信じているからです。

何よりも、お客さまの笑顔のために。
そして、働いてくれるスタッフの暮らしのために。
同業者や関係者が争い合うことなく、業界全体が助け合い、分かち合うことができるように。

サービスの基本にある心は、誰かのために役に立ちたいという想いであるはずです。もちろん、お金を儲けることは大切ですが、私たちが「なぜ、サービス業を選んだのか？」ということを、もう一度考えてみたいのです。

ＤＡＤＡのプラットフォームは、一見すると、たんなるポイント付与や集客の仕組みの集合体のように思われますが、そのひとつ一つには、「サービス業としてあるべき姿とは何か」という哲学を潜ませているのです。

この哲学が全てのサービス業に共通している限り、私たちのプラットフォームは、あらゆるサービス業において活用することが可能であると、信じています。

私たちのプラットフォームは、今、新型コロナウイルスにより困窮の極みにある飲食業界にも喜んでもらえるものになるはずだと思っています。

飲食業界も旅行業界もデジタル化はすでに進んでいるように見えますが、どちらもお客さまと地域コミュニティをつなげるところまでは進化していないのが現状です。

美容師はお客さまに口コミとして飲食や旅行の話をします。その話を聞いてお客さまが飲食店やホテル・旅館を訪れたとしても、その美容師が手数料をもらうことは、これまではできませんでした。

しかし、これからはプラットフォームの仕組みを使えば簡単にできるようになります。集客をしてもらったことに対して、別の業界から他の業界にポイントを与えることができます。しかもこれが全てスマホで完結できるのです。

美容業界と飲食業界と旅行業界と……さまざまな業界がお客さまを通じてつながり合えば、店同士の交流も生まれて、地域のコミュニティが発展していくことでしょう。このような大きな構想は、他のECプラットフォームではできないことだと思っています。

ポイントの使い道を、サロンでも飲食店でも、さらに広げてアパレルなどでも使えるようになれば、「うちのお店を軸にして、みんなで地域交流しませんか」ということが実現できるようになっていきます。私はこうした世界を創りたいと思っているのです。

人間というのは、自分自身が豊かにならないと、人に対して何かしてあげたいという気持ちはなかなか生まれません。「豊かさ」にもいろいろありますが、そのベースになるのはやはりお金です。なぜなら、お腹が減っていたり、雨風をしのげる家がなかったり、着る服がなかったりすると、働くことはおろか、生きる気力が出てこないからです。そのために、まず、プラットフォームを活用して、美容業界から元気になってもらいたいと願っているのです。

小さな一歩を踏み出してみることから始める

美容業界は技術をとても大事にします。私はエステの業界団体に属していて理事職も担っていましたが、その会合等で、サロンで実際に働いている方々の話を聞くと、お客さまに喜んでもらうことに喜びを感じ、まっすぐで、すごく一生懸命であることに気づかされます。

しかし、人に対して施術する分野だけに、デジタルなものに対してある種の抵抗感があるのも感じます。ＳＮＳで集客につながるようなプロモーションはできても、こういうプラットフォームを活用して、お店の中で効率的な営業戦略、経営戦略を組むことに対する理解がなかなか難しい面があります。

そこへＡｍａｚｏｎや楽天といったＥＣプラットフォーマーたちが現れたことで、デジタルを介在させる動きに対して「自分たちの利益を奪っていくもの」という拒絶感があるのもうなずけます。

しかし、これまで述べてきたように、この変化の波からは誰も逃れることはできません。進化することが、今こそ求められているのです。閉じた世界で逡巡し、立ち止まるのではなく、小さな一歩から踏み出してみて欲しいのです。

あなたが進化すれば世界は進化する

ここまで読んでくださったみなさんは、プラットフォームビジネスの重要性について理解していただけたのではないかと思います。とはいえ、「わかる」と「できる」には、大きな隔たりがあることを知らなければいけません。わかっていてもなかなかかできないのでは、ほとんど意味がないのです。

しかし、だからといって、「できる」まで待っていたら、それこそ生き残ることなどできないでしょう。今こそ、貴重なチャンスの時なのです。現状に甘んじたまま疑問を持たずに、変化することを恐れていては、進化はできません。

「強い者や賢い者だけがなんらかの恩恵にあずかればいい」というのでは、本書が述べてきた、富の分配や分かち合いの精神は生まれてはこないのです。強い者や賢い者ではなく、環境の変化に立ち向かえる勇気のある者こそが、生き残り、進化を遂げるべきなのです。

普遍的な価値を形に

私たちはこのプラットフォームビジネスを将来的にバージョンアップし、新しい機能をどんどん追加しようと考えています。それをツールとして活用するかしないかは、今後、大きな差になってくるでしょう。

今までみなさんは、自分たちの自慢の技術で畑を耕し、さまざまな作物を育てて収穫してきました。その畑にプラットフォームが加わることにより、思ってもいなかった作物を実らせようというのが、私たちの願いです。みなさんは、自分たちの技術によって、すでにタネを蒔いています。それを、さらに素晴らしいものにできるように、デジタルの力を活用していただきたいのです。

みなさんはいつも通り、お客さまに向き合って、技術や商品を提供することに変わりはありません。その後ろから、私たちがどんどん背中を押していきます。プラットフォームがゼロから価値を作っていくのではなく、みなさんがこれまで作ってきた価値が、成長し、進化していくのです。

プラットフォームビジネスに挑戦するのは、進化の第一歩です。けれども、根本にあるのは「技術が大事だ」「信用が大事だ」「お客さまの笑顔が何よりも大事だ」という普遍的な価値観なのです。

これだけは、どんなに変化の時代を迎えようとも変わらない真実なのです。この真実をともに携えて、進化の時を、胸を張って乗り越えていこうではありませんか。

おわりに

「DADA integrate」という社名の由来をよく聞かれます。

50代以上の世代なら「ダダ」と聞くとピンとくるのは、ウルトラマンの怪獣の名前でしょう。しかしそうではなく、この社名は、1910年代にヨーロッパやアメリカで起こった芸術運動「ダダイズム」から取っています。

ダダイズムは第一次世界大戦への抵抗を根底に、それまで信じられてきた常識を覆そうとする運動でした。今までの概念を崩して新たな価値を生み出そうとした動きです。


わが社のＤＡＤＡも、これまで不可能だとされてきた常識に風穴を空けるようなビジネスモデルを構築しようと志向して始まりました。


その根幹にあるのが、本書の中で何度も述べた「奪い合いから与え合いへ」の理念です。

この理念は、私のこれまでの人生経験の中から自然と備わってきました。

これまでの人生では、良い時もありましたし、借金を抱えて苦労もしました。そんな中で学びを得るのはいつも、自分が苦労してそれを乗り越えた時でした。

苦労している最中では自分が本当は何をしたいのか、わからなくなってくることがあります。

「こんなに苦労して、いったい自分は何がしたいんや」

そういう問いが徐々に大きくなっていき、さらには、

「じゃあ、働くっていったいどういうことなんや？」

と突き詰めていきました。

それを乗り越え、たどり着いた答えは――

「仕事とは、まわりを豊かにすること。働くとは、まわりを幸せにすること」でした。

自分たちの会社だけが生き残るためにがんばるのではない、自分たちだけが儲けて楽しむのではない。自分たちの存在価値とは、まわりを豊かにすることであり、知人友人、同業者を栄えさせて初めて自分のビジネスは存在する意味があるのだ、という考

えに行きついたのです。

なぜなら、苦労した時に、支えてくれたのはやはり友人知人、同業者の人たちだったからです。今の自分が存在できているのは、彼らのような人と共存共栄してきたからなのだということに気づいたのです。

ビジネスがうまくいって、長年、商売をしている人は、必ずこうした助け合いの精神を持っています。しかし、パッと稼いでパッと消えていく人たちは、自分が儲かりさえすればいい、他人を利用して競争させて、自分は利益を得ようと考えています。そういう人は短期的には儲けることができても、長期的に見れば必ず没落していきました。

ビジネスにおいては、お互いにそのステージの中で助け合って、マーケットを作り上げていくという考え方がとても重要です。だからこそ、ＤＡＤＡのプラットフォームにアルゴリズムを組み込む時、そのことを根幹に据えることにしたのです。

デジタルの最前線であるビジネスを展開しているのに、意外に思われるかもしれませんが、美容業界の各プレイヤーが共存共栄していく上で、私が本当に成し遂げたいことは古き良き時代に戻すことです。

昔のサロンは良い技術、良いサービスがあって、良いお店がたくさんありました。ところが、お店が増えて競争が激しくなる中で生き残りが難しくなってきて、客単価を上げるために物販に力を入れ始めました。なんとか経営が安定してふと考えてみた時、「そもそも自分はどうしてサロンを開業したのか」ということを考えるのではないでしょうか。

その時に、多くの経営者は「ああ、そうだった。私は自分のこの腕で人を幸せにするんだと決めてサロンを開業したんだった」という原点にたどり着くはずです。その原点を大事にする人を応援したいという想いが、私にはあるのです。

良いサロンが持続可能な経営を続けて、地域のお客さまに喜んでいただける店づくりを目指す――そのために、私たちの仕組みを利用して欲しいのです。

美容業界は人を元気にし、地域に活気を取り戻すポテンシャルを秘めていると信じています。多くの美容業界の関係者も同じ想いをお持ちのことでしょう。これからも、そんなみなさんへの応援を全力で続けていきたいと思います。

推薦の言葉

「最後のプラットフォーム」

これは、ＤＡＤＡ integrate株式会社が創業間もない頃、私たちを訪ねて事業説明をしてくださった柿坂社長に伝えたひと言です。

たんに商品をご購入いただくネット通販事業と異なり、小売店さまやそこで働く人々に流通利益を分配し、長く働く楽しさや、生活の舞台である社会に配慮した新しいプラットフォーム構想に衝撃を受けました。

人と社会を持続的につなげる事のできる仕組みこそが、経済循環を生み、人々にとって住み良い社会に貢献できるものと私も考えます。機械との共存社会を築いた産業革命時代のように、デジタルとの共存社会を築く新たな時代の到来を、本書からは感じます。

この新時代を築く挑戦に、全身全霊で取組む姿勢に心から敬意を表します。

株式会社アデランス 代表取締役社長 グループ CEO
津村佳宏

DADAアプリの最新情報

DADAintegrate株式会社
コーポレートサイトへのリンク
URL: https://dada-integrate.jp/

DADAintegrate株式会社
公式LINEページ
URL: https://line.me/R/ti/p/%40mtl6924p

DADAアプリダウンロードリンク
（App Store）
URL: https://itunes.apple.com/jp/app/dada-integrate/id1270096188?mt=8

DADAアプリダウンロードリンク
（Google Play）
URL: https://play.google.com/store/apps/details?id=com.dada_integrate.dadaintegrate

【DADAアプリをご利用いただく迄の手順】

❶ DADAアプリのダウンロードをお願いいたします。

- iPhoneからは APP Store へアクセス！
  https://itunes.apple.com/jp/app/dada-integrate/id1270096188?mt=8
- android携帯からは Google Play へアクセス！
  https://play.google.com/store/apps/details?id=com.dada_integrate.dadaintegrate

❷ DADAダウンロード後、起動し、ニックネーム入力をお願いいたします。
※あだ名でもなんでも大丈夫です。

❸ 招待ボタン►「招待される」►「コード入力」►「19779984」を入力して►「登録」を押して下さい。※本書籍からの限定コードとなります。

❹ DADAアプリの右上にある三重線のメニューから会員情報登録をお願い致します。※会員情報登録時点では住所等の詳細は必要ありません。

❺ ウエルカムポイントが入ったら完了です。
※DADAアプリダウンロードは無料です。

著者紹介

柿坂 正樹（かきさか まさき）

1961年生まれ奈良県出身。

26歳で健康機器販売会社を起業し、その後、独学でエステティックサロンを開業。奈良・大阪で5店舗を展開。一方で、業界専売美顔器メーカーを手掛けるも、ネット市場でのブランド毀損への危機を感じ、対抗策として小売店に特化したプラットフォーマーを志す。その後、DADAアプリ開発に着手。2019年にビジネスモデル特許を取得。現在、本システムを運営するDADAintegrate株式会社の代表を務める。

サロン進化論　デジタルツールが切り拓くサービス革命

発行日　2021年10月22日　第1刷

Author　柿坂正樹
Book Designer　KOGAKEN（カバー・帯・表紙）
江森丈晃（本文フォーマット）

Publication　株式会社ディスカヴァー・トゥエンティワン
〒102-0093　東京都千代田区平河町2-16-1 平河町森タワー11F
TEL　03-3237-8321（代表）　03-3237-8345（営業）
FAX　03-3237-8323
https://d21.co.jp/

Publisher　谷口奈緒美
Editor　林秀樹（編集協力　岸川貴文）

Store Sales Company
古矢薫　佐藤昌幸　青木翔平　青木涼馬　越智佳南子　小山怜那　川本寛子　佐藤淳基　副島杏南
竹内大貴　津野主揮　野村美空　羽地夕夏　廣内悠理　松ノ下直輝　井澤徳子　藤井かおり
藤井多穂子　町田加奈子

Digital Publishing Company
三輪真也　梅本翔太　飯田智樹　伊東佑真　榊原僚　中島俊平　松原史与志　磯部隆　大崎双葉
岡本雄太郎　川島理　倉田華　越野志絵良　斎藤悠人　佐々木玲奈　佐竹祐哉　庄司知世　高橋雛乃
滝口景太郎　辰巳佳衣　中西花　宮田有利子　八木眸　小田孝文　高原未来子　中澤泰宏　石橋佐知子
俵敬子

Product Company
大山聡子　大竹朝子　小関勝則　千葉正幸　原典宏　藤田浩芳　榎本明日香　王廳　小田木もも
佐藤サラ圭　志摩麻衣　杉田彰子　谷中卓　橋本莉奈　牧野類　三谷祐一　元木優子　安永姫菜
山中麻吏　渡辺基志　安達正　小石亜季　伊藤香　葛目美枝子　鈴木洋子　畑野衣見

Business Solution Company
蛯原昇　早水真吾　安永智洋　志摩晃司　野﨑竜海　野中保奈美　野村美紀　三角真穂　南健一
村尾純司

Corporate Design Group
大星多聞　堀部直人　村松伸哉　岡村浩明　井筒浩　井上竜之介　奥田千晶　田中亜紀　西川なつか
福永友紀　山田諭志　池田望　石光まゆ子　齋藤朋子　竹村あゆみ　福田章平　丸山香織　宮崎陽子
阿知波淳平　石川武蔵　伊藤花笑　岩城萌花　岩淵瞭　内堀瑞穂　大野真里菜　大場美範　金子瑞実
河北美汐　吉川由莉　菊地美恵　工藤奈津子　黒野有花　小林雅治　坂上めぐみ　関紗也乃　高田彩菜
瀧山響子　田澤愛実　巽菜香　田中真悠　田山礼真　玉井里奈　常角洋　鶴岡蒼也　道玄萌　中島魁星
平池輝　星明里　前川真緒　松川実夏　水家彩花　森脇隆登

Proofreader　文字工房燦光
DTP　株式会社T&K
Printing　日経印刷株式会

ISBN978-4-910286-05-1